Varios autores

LEYENDAS ECUATORIANAS

Introducción de Hernán Rodríguez Castelo

Título original:
Leyendas ecuatorianas
Varios autores

Texto original:

Tercera edición © 2020 • **ARIEL • CLÁSICOS ECUATORIANOS •**
Calle Nueva Ventura N58-102 y Juan Molineros
Telf: 328 4494 / 328 1868
e-mail: editorial@radmandi.com
www.radmandi.com
Quito - Ecuador

Coordinación general: Lucas Marcelo Tayupanta
Dirección del proyecto: Jonathan Tayupanta
Mediación lectora: Sandra Araya
Revisión del texto: Xavier Tayupanta
Diseño y diagramación: Andrés Rodríguez
Ilustraciones: Gabriel y Paola Karolys

ISBN: 978-9978-18-205-5

Impreso por: Talleres Editoriales Radmandí
2020

ARIEL
CLÁSICOS
ECUATORIANOS

PUBLICACIONES EDUCATIVAS ARIEL rinde homenaje a la Cultura Nacional con lo que creemos, sinceramente, constituye el mayor esfuerzo editorial ecuatoriano de todos los tiempos: la Biblioteca de Autores Ecuatorianos de Clásicos Ariel.

Cien libros cuidadosamente seleccionados, bajo la asesoría invalorable de nuestro Consejo Editorial de Honor, a cuyos miembros reiteramos nuestra imponderable gratitud, dan la visión más completa de la Cultura Ecuatoriana, desde la Colonia hasta nuestros días.

Esta biblioteca viene a responder a la necesidad imperiosa del pueblo ecuatoriano de poder conocer las grandes obras de sus mejores autores.

LEYENDAS ECUATORIANAS

Hernán Rodríguez Castelo

Producto maravilloso que se ha ido perdiendo, conforme la tertulia y el arte de conversar han languidecido hasta un punto de agonía, es la leyenda. En mi infancia, en pueblos, lo mismo de la Costa que de la Sierra, asistí a deliciosas sesiones de charla. Largos ocios de sobremesa, aún más largas veladas, se animaban hasta hacernos perder a los contertulios la noción del tiempo, merced a la magia de dos o tres grandes conversadores. Y el plato fuerte de aquellas inolvidables reuniones, que se tenían muchas veces a media luz y en torno a la mesa familiar donde se había dado fin a la *merienda*, o en la cocina, al amor de la lumbre, eran leyendas. (Así como los *cachos*[*] eran las golosinas, y la murmuración provinciana, el condimento).

Pues bien, en esta colección de los títulos más representativos e importantes de la literatura ecuatoriana, no podía faltar el volumen dedicado a nuestras más hermosas y entrañables leyendas.

....

[*] Cacho es un relato popular humorístico, muy breve y generalmente pícaro.[1]

Leyenda, cuento, mito y fábula

La moderna antropología ha hallado en leyenda, cuento, mito y fábula rico filón de sabiduría, historia y cosmoramas de las culturas primitivas, y a su estudio se ha aplicado apasionadamente.

Primer paso en esos estudios ha sido precisar lo específico de cada una de esas formas y los linderos entre una y otra. Pero el asunto ha presentado tan indisolubles perplejidades que se han desesperado de poder contar con precisiones satisfactorias y se ha comenzado a trabajar con descripciones provisionales y aproximadas. Lo cual, como es natural, ha hecho que los límites buscados hayan sido más bien zonas fronterizas que demarcaciones nítidas.

Nosotros, al comenzar a elaborar esta antología de leyendas ecuatorianas, hubimos de tropezar con el problema. Nos fue más o menos fácil dejar de lado la fábula. Hay acuerdo casi general en definir la fábula como una narración en verso, de personajes animales y con finalidad didáctica. Caso de ser prosa, se suele hablar de «cuento de animales».

El problema se planteaba agudo, sutil, complejísimo entre cuento, leyenda y mito. Y en el seno mismo de la leyenda, donde las hay vecinas del cuento lo mismo que colindantes con el mito.

No pareció oportuno enzarzarse en una discusión detenida y de propósito para establecer teóricamente el contenido y límites de estas formas narrativas —cosa que exige remontarse muy atrás en el tiempo y extenderse a los horizontes de muchas culturas—.

Podíamos partir de precisiones provinciales elementalísimas. Para Van Gennep, el cuento (entiéndase el cuento primitivo, folclórico) «sería una maravillosa y novedosa narración, sin localizar el lugar de la acción ni individualizar los personajes»[2]. Al estilo del relato aquel de los *Gesta Romanorum*: «*Erat quidam rex in cuius imperio quidam paupor habiatbat...*»[†]. Por el contrario, «en la leyenda, el lugar se indica con precisión, los personajes son individuos determinados, tienen sus actos un fundamento que parece histórico y son de cualidad heroica»[3]. Por fin, el mito sería «una leyenda localizada en regiones y tiempos fuera del alcance humano, y de personajes divinos»[4].

A partir de estas definiciones, que establecen de algún modo el «estado de la cuestión», el problema más arduo se plantea a los historiadores de las religiones y de los orígenes de las culturas para diferenciar mitos de leyendas, y dar a cada forma su importancia. Para la ciencia alemana, los mitos no son sino las narraciones que se refieren a fenómenos naturales (cielo, trueno, astros); otros investigadores cargan el acento sobre las implicaciones psicológicas de mito y leyenda. Leyenda y mito serían objeto de fe —en contraposición a cuento y fábula—; pero el mito sería aquella narración objeto de fe que se traduce en actos mágicos y religiosos. Entre leyenda y mito mediaría lo que entre profano y sacro. Otra vez linderos que, conforme retrocedemos en el tiempo, son vagos e inasibles.

Es importante anotar, antes de abandonar tan arduos territorios, que la actividad creadora de que proceden mitos y leyendas es eminentemente popular, y que mitos y leyendas son una institución fundamen-

[†] Había un rey en cuyo imperio vivía un pobre...

tal, verdaderamente aglutinante, en las sociedades primitivas.

El caso ecuatoriano

En el caso ecuatoriano, resulta cantera casi intacta la de leyenda, cuento y mito precolombino. Y apenas si se ha incursionado un tanto en tan apasionantes materias a través de sus supervivencias en el folklore.

Con el pasar de los tiempos prehistóricos y el advenimiento de la era hispánica, histórica, católica y de la cultura escrita, la actividad creadora popular, disminuida en su importancia, expulsada del maravilloso reino del mito, busca refugio en el cuento y la leyenda[§] como formas mayores, y en el cacho como forma menor.

Reducida a la imaginación popular a las formas mayores de cuento y leyenda, van insinuándose como dos elementos diferenciadores entre uno y otro el contenido histórico y la trasmisión tradicional de la leyenda. A tal punto esto segundo que *leyenda* y *tradición* se usarán entre nosotros como sinónimos.[5]

Con esta carta de rutas a la vista, comenzamos nuestra selección de las mejores leyendas ecuatorianas.

Muy pronto comprendimos que era terreno vedado para nuestro empeño el de las leyendas de innegable raigambre primitivo, precolombino; aquellas, precisamente, que por emparentar tan de cerca con los grandes mitos quichuas ofrecerían las perplejidades de las rela-

....

[§] Es muy importante advertir que en la leyenda, y más en la forjada en capas indígenas, resucitarán elementos míticos, aunque fragmentos, mezclados sujetos a los más curiosos sincretismos.

ciones y límites entre mito y leyenda. Materia aún tan poco estudiada se prestaba mal para un trabajo de antología, que supone contar ya con cierta copia de materiales de alguna categoría, entre los cuales escoger.

Carvalho-Neto había dado ya en el mismo escollo. «No hay —se queja en su *Diccionario del folklore ecuatoriano*— ningún estudio sistemático sobre los mitos del folklore ecuatoriano»,[6] y anotaba que sobre buena parte de nuestras leyendas folklóricas apenas se ha investigado.

La antología de nuestras leyendas primitivas era obra que debía hacerse, pero para su elaboración, salvo contadísimos trabajos, apenas si se había desbrozado el campo.[7]

La historia, costumbres y lo religioso popular

Quedaban, pues atrás, las leyendas primitivas, las de la raíz, con su rico contenido animístico, mitológico, y, situados en tiempos históricos —coloniales y republicanos—, hallamos que la leyenda, despojada de todo misterio y grandeza, había echado a andar por caminos de historia, costumbres y lo religioso popular —el milagro estrepitoso o vindicativo; comunicaciones de ultratumba—.

En cuanto a su forma, la leyenda ecuatoriana, desprovista de los caracteres que podían hacerla vecina del mito, corría peligro de confundirse con el cuento literario o de autor, con la anécdota y el caso.

La inmensa mayoría de las leyendas que teníamos a nuestro alcance eran obra de un escritor conocido. En casos el redactor era, amén de escritor conocido, artista y dueño de un estilo —vale decir, una técnica, una suma de procedimientos narrativos característicos—.

He aquí por qué el peligro mayor para nuestras leyendas estriba en pasar de leyenda a cuento literario o de autor.

Porque pertenece a la sustancia de la leyenda su creación anónima y popular, y hasta su trasmisión oral y también popular —*tradición*, en sentido estricto—.

Si ha de mantenerse a las leyendas su condición de tales, el papel del escritor deberá reducirse a registrar con fidelidad lo que existía ya, respetando al máximo hasta la rudimentaria forma literaria forjada en tertulias, sobremesas y corrillos por el pueblo, autor y señor de la leyenda[‡].

Esta es la razón por la cual no creímos poder incluir en nuestra selección ni una sola de las, por otra parte castizas y deliciosas, *Leyendas del tiempo heroico* de Manuel J. Calle. No son las que Calle llamó «leyendas», tales. Sino inconfundible obra del autor, en contenido y forma. La mayor parte de ellas sin mayor sustancia legendaria.

Los criterios para reconocer las leyendas fueron quedando cada vez más claros: tono popular —simple, directo, eficaz—; sabor añejo; algún misterio.

Esos criterios permitieron sacar fuera de la selección muchos productos que pretendían el título de «leyendas», sin ser más que anécdotas, casos, cuadros de costumbres. Dejamos, sin embargo, algunos relatos que, aunque recargados de descripciones costumbristas, lastrados por comentarios personales y hasta por edificantes moralejas, guardaban, como nervio, una leyenda.

....

‡ Notemos, de paso, que la forma popular de las leyendas, rudimentaria donde el punto de vista formal del lenguaje y ciertos procedimientos narrativos, es eficaz y, en casos, tan eficaz que, en estricta narración, no puede menos de considerarse magistral.

Autores, informadores y cronistas

> Quien ha tenido en su casa una de esas viejecitas de cabeza blanca como copo de nieve y de rostro surcado de profundas arrugas adivinará cómo ha venido hasta mí la vulgar leyenda del candelero, acaecida en esta noble ciudad, San Francisco de Quito...

Escribe Luis N. Dillon en breve introducción a la leyenda «El candelero», que el lector hallará en este volumen.

Y prosigue:

> Me cupo en suerte, allá en mi infancia, tener a mi lado una de estas crónicas andantes, que, con sus cuentos y leyendas, suelen endulzarle a uno los ratos de mal humor. De boca de ella recogí la tradición objeto de este articulillo. La escuché de una noche de invierno, mientras caían torrentes de agua en el patio de mi casa y el viento azotaba con furia las vidrieras, circunstancias que contribuyeron de consumo a aumentar lo medroso de la leyenda y a imprimirla de un modo indeleble en mi delicado espíritu de niño. Hoy que la traslado al papel, no garantizo su verdad.

Este interesantísimo trozo nos ofrece los elementos necesarios para determinar la paternidad de las leyendas. ¿Quién fijó, y en qué oscuros años, anteriores a la infancia del escritor —Luis N. Dillon nació en 1875—, esa historia del estudiante que reemplazó en el ataúd al muerto y tuvo que vérselas con la indignación de ultratumba? ¿Fue acaso el estudiante que intentó o hasta llegó a hacer la macabra jugarreta al compañero que había salido en busca de aguardiente?

Ello —es decir, quien sea el autor de la leyenda— queda en un definitivo insalvable anonimato.

Apenas si los escritores que han reducido la leyenda a la fijeza del impreso nos dejan frente a un informante. En el caso de Dillon, la viejecita aquella. Y ellos se sitúan en el lugar registrador, del escritor o amanuense.

Algunas veces estamos ante un escritor que, casi al azar, dio con una leyenda y nos hizo el bien de recogérnosla. Pero otras es alguien que de propósito se puso de caza de leyendas, y, claro, logró buena cosecha. Es el caso de Gabriel Pino Roca en Guayaquil.

> Recién fundada Guayaquil por el capitán Orellana, al pie del Santa Ana, era este designado simplemente con el nombre de «cerrito verde». Tal consta en las antiguas historias sobre esa región, como en algunos informes remitidos a España por sus primeros colonizadores. ¿De dónde, pues, y desde cuándo le vino el nombre que hoy tiene? Cuestioncilla era esta que no dejaba de intrigarme, ávido como vivo siempre por descubrir el motivo que tuvieron los primeros pobladores de mi amadísimo terruño para dar tal o cual denominación a este u otro lugar.
>
> Mi curiosidad respecto del Santa Ana se ha visto satisfecha inesperadamente, debido al conocimiento casual que trabé con una negra vieja, lavandera de oficio, legítima *cuidaviejeña*, que habita allá arriba en el cerro «por onde quedan las cirguelas—dice ella—, en ese cerro, en que vinieron, los primeros todos los negros, mis antepasados, con permiso de los padres de Santo Domingo, que ellos decían hasta hace poco que era el cerro que ahora no más oigo ecir que's de la Municipaliá».
>
> La conga, que me resultó ser una insigne memorista, me puso al corriente, en un dos por tres, de lo que oyó

contar a su abuela, la que, a su vez, se refería a la propia acerca del Santa Ana, guiso que ofrezco hoy al apetito del público, condimentado con la salsa que reputo indispensable para que tenga más agradable sabor.

Esta es la introducción que hace Pino Roca a su leyenda «El hada del Santa Ana», que también hallará el lector en nuestra colección. Vemos en ella al hombre del quehacer histórico, siempre con curiosidades y dudas y que sabe el valor que para resolverlas pueden tener las leyendas. Pino Roca fue en busca de la leyenda, esos sabrosos fragmentos de historia trasmitidos por trasmisión oral. Y se preocupó de precisar que su informante había recibido la *traditio* de una abuela, y esa abuela, a su vez de su abuela.

Otra leyenda comienza Pino Roca confesando: «... o recuerdo si fue, viejo o vieja, archivos ambulantes a los que yo someto a inmisericordioso interrogatorio, cada vez que puedo, y se dejan, quien me contó...». («Ladrón que roba a ladrón tiene cien días de perdón»).

Conclusión de lo visto es que el mejor escritor de leyendas —en el sentido que hemos visto se debe dar en este caso a escritor— será quien con mejor técnica de registro y más fidelidad de relato nos entregue esas creaciones populares, muchas veces inmemorables, que son las leyendas.

Los escritores y recopiladores

Dos libros fundamentales de leyendas han visto la luz en nuestro país, y a ellos hay que acudir a la hora de querer recoger lo mejor de las leyendas ecuatorianas. El uno de esos libros tiene su mirador en Guayaquil y se extiende a la leyenda costeña; el otro es quiteño y, junto a las quiteñas, recoge leyendas serranas —Cuenca, Riobamba, Ibarra—.

Son *Leyendas, tradiciones y páginas de historia de Guayaquil* de J. Gabriel Pino Roca, cuya primera edición vio la luz en Guayaquil en 1930, y *Al margen de la historia: Leyendas de pícaros, frailes y caballeros* de Cristóbal de Gangotena y Jijón, con primera edición en Quito, en 1924.

El gran recopilador cuencano de leyendas fue Juan Iñiguez Vintimilla (1876-1949). Lamentablemente su libro *Leyendas indígenas* —del que damos una en el presente volumen: «El chuzalongo»— ha quedado inédito. Leyendas recogidas por Iñiguez pueden hallarse en folletos y revistas cuencanas, y en su libro *Prosa de arte* (1926).

En la obra, fundamental para reconstruir la vida de Guayaquil desde su fundación, *Crónicas de Guayaquil antiguo* de Modesto Chávez Franco (Guayaquil, 1930), hay también algunas hermosas leyendas.

Y, aunque al parecer sin mayor fidelidad al registro, hallamos buen número de leyendas de nuestra prehistoria y protohistoria en *Yachay-huasi* del profesor Reinaldo Murgueytio, que vio la luz en Quito, en 1937.

Más allá de estas recopilaciones, la búsqueda se vuelve difícil: hay que ir por libros raros, revistas y periódicos. En periodicuchos y publicaciones increíblemente modestas damos de pronto con hermosas leyendas. En una búsqueda que nunca llega a un final ni nunca nos deja satisfechos.

Grandes escritores nos han dado, con mayor o menor fidelidad al hallazgo, leyendas.

Pablo Herrera (1820-1896), el incansable buscador de documentos para nuestra historia y autor de *Apuntes para la historia de Quito*.

Sixto Juan Bernal (1829-1894), recogió leyendas como «La viuda de Ricaurte», «Los voluntarios del Guayas», «La venganza de José Torres».

Francisco Campos (1841-1910) se acercó a tierras legendarias en sus *Narraciones históricas*, *Narraciones ecuatorianas* y *Narraciones fantásticas*.

Alguna de las leyendas de Carlos Rodolfo Tobar (1854-1920), el autor de *Brochadas* y *De todo un poco*, aunque Tobar fue más fuerte en el cuadro de costumbres y el relato histórico novelado.

José Antonio Campos (1868-1939) rozó muchas veces la leyenda, lo mismo que Eudófilo Álvarez (1876-1917), el autor de *Cuentos y otras cosas*. Pero Campos, *Jack the Ripper*, prefirió el presente periodístico —el vigoroso cuadro costumbrista; el humor de crítica—; y Álvarez, el cuento.

Celiano Monge (1857-1939 o 1940), el autor de *Bagatelas literarias* y *Miscelánea popular*.

Otros escritores, ilustres por muchos conceptos, que dejaron regadas en páginas de periódicos y revistas, leyendas, son C. M. Tobar y Borgoño, Luis Napoleón Dillon, José Gabriel Navarro, Zoila Rendón de Mosquera.

Por fin, no se debe dejar de citar a Juan León Mera (1832-1894) y Miguel Riofrío (1832-1866) por sus leyendas en verso. «La virgen del Sol» y algunas «Melodías indígenas» de Mera, y «Mina» de Riofrío, aunque apenas hace falta decir que, en el caso de nuestros dos poetas románticos, más hay el gusto por lo legendario, tan propio del romántico que de leyendas recogidas de la tradición oral ecuatoriana.

Concluyamos destacando una vez más el mérito de los dos mayores recopiladores de leyendas ecuatorianas, a quien nuestro libro debe mucho.

Cristóbal de Gangotena y Jijón nació en 1854 y murió en 1954. Educado en el Colegio San Gabriel y Seminario Menor de Quito y más tarde en la Escuela Alber-le-Grand de Arcueil y en la Facultad de Letras de la Universidad de París, dedicó su vida a la investigación histórica. Cofundador de la Sociedad Ecuatoriana de Estudios Históricos y miembro eminente de la Academia Nacional de Historia, dejó tras sí una larga y concienzuda bibliografía. Su *Al margen de la Historia: Leyendas de pícaros, frailes y caballeros* vio la luz en 1924. Para formarlas, escribía en un aviso al lector, «he recogido, como pobre, aquellas migajas que, desechas por los historiadores graves mesurados y sesudos, caen de su mesa solemne».

J. Gabriel Pino Roca nació en Guayaquil, en 1875, y murió en su misma ciudad natal, en 1931. Formado en Europa, dedicó su talento y preparación a investigar la historia de su ciudad y a recoger tradiciones y leyendas. Nombrado en 1910, por el Municipio guayaquileño, traductor de las Actas del Cabildo, consiguió reproducirlas en treinta y dos volúmenes que comprendían la historia de la ciudad de 1635 a 1830. La última empresa que hizo en materia de historia y tradiciones, un año antes de su muerte, fue reunir en un volumen las *Leyendas, tradiciones y páginas de la historia de Guayaquil*, que recogiera lo mismo en archivos que de labios de gente del pueblo, en largos años. «Este libro —escribía en la dedicatoria a un grupo de amigos— que contiene cosas grandes y cosas pequeñas, en la historia y en la tradición de nuestra amada casa solariega...». No sé por qué nos da en pensar que las cosas que él juzgara «pequeñas» nos han sido las más útiles, y serán para el lector de nuestra colección las más gratas.

Notas:

[1] Cacho, según Carlos R. Tobar, llamamos a los cuentos, chascarrillos y hasta a las anécdotas (Véase en *Consultas al Diccionario de la lengua*, 3ª ed., «Atlas Geográfico», Barcelona, 1911, pp. 81-82). La anotación no resulta tan exacta, porque no todo cuento, chascarrillo o anécdota suele decirse *cacho* en el habla ecuatoriana.

Cacho, para Mateus, es, en sentido figurado, «cuento, fábula, consejo, que se cuenta a los niños». (Véase en *Riqueza de la lengua castellana y provincialismo ecuatorianos*, 2ª ed., Editorial Ecuatoriana, Quito, 1933, p.38.).

Mateus yerra en eso de que el cacho se cuenta a los niños. Es, fundamentalmente, relato para círculos de adultos. Mateus añade que hay el *cacho colorado*, «cuento malicioso, que hiere los oídos delicados», pero todo cacho, aun el más inocente, se cuenta en círculos de iguales. Todo cacho tiene algo de picaresco o malicioso.

La palabra no consta ni en Justino Cornejo (*Fuera del Diccionario*, Impta. del Ministerio de Gobierno, Quito, 1938) ni en Julio Tobar Donoso (*El lenguaje rural en la región interandina del Ecuador*, La Unión Católica, Quito, 1961); Carvalho Neto (*Diccionario del folklore ecuatoriano*, Casa de la Cultura, Quito, 1964) sigue a Mateus.

[2] Arnold Van Gennep, *La formación de las leyendas*, Futuro, Buenos Aires, 1943, p. 28.

[3] Ibid., p. 28.

[4] Idem.

[5] Así Inés y Eulalia Barrera, que titulan *Tradiciones y leyendas del Ecuador* a la recopilación que publicaran en 1947, en la Biblioteca de Últimas Noticias. Quito, Empresa Editora «El Comercio».

[6] Paulo de Carvalho-Neto, *Diccionario del folklore ecuatoriano*, Casa de la Cultura Ecuatoriana, Quito, 1964, p. 41.

[7] Entre esos trabajos merecen especial atención estos:

Darío Guevara, «Tradiciones etiológicas del Ecuador», en *Folklore americano*, Año II, no. 2, Lima, 1954, pp. 51-64.

Alfredo y Piedad Costales Samaniego: «Tungurahua, Estudio socio-económico», *Llacta* no. 13, 1961, pp. 192-218.

Alfredo y Piedad Costales Samaniego, «Los Salasacas», *Llacta*, Año IV, Vol. VIII, Quito, 1959, pp. 124-154.

¡Para ti!

A medida que vayas leyendo este libro, encontrarás junto a algunos párrafos un sistema iconográfico precolombino numerado, que te conducirá directamente a una actividad dentro de las seis categorías establecidas:

¡Ahora sí te entiendo!
Investigación, exposición y relación con temas del texto.

Yo opino...
Exposición de ideas, oralmente, sobre un tema relacionado con el texto.

Elijo, pienso, ¡escribo!
Elaboración de productos escritos: cuentos, composiciones, ensayos, guiones, sobre un tema del texto.

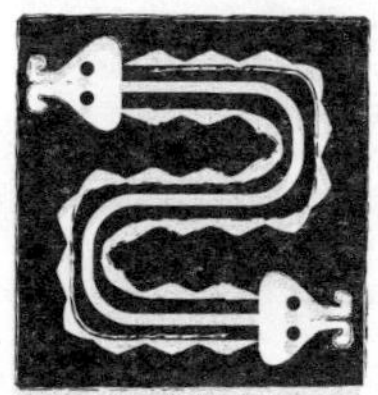

Conexiones y enlaces
Referentes de la literatura, el cine, internet, etc., relacionados con contenidos del texto.

Estas actividades están detalladas al final del libro.
Recuerda: este es un libro raro, pero que te ayudará a disfrutar y comprender tu lectura.
¡Aprovéchalo!

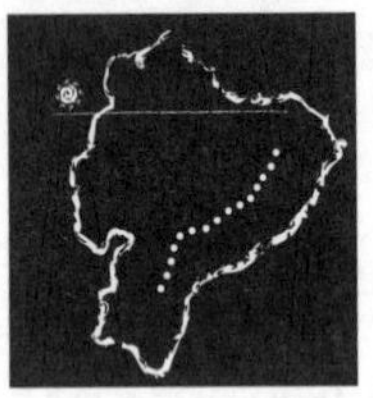

LEYENDAS INDÍGENAS

PALLA Y EL TESORO DE LOS LLANGANATES

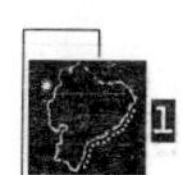

Alfredo y Piedad Costales Samaniego

Cuentan los viejos que otros más ancianos refirieron a su vez. Así pasa la tradición de una ribera a otra de los siglos.

Palla fue escogida para esposa de Atahualpa y soberana del Reino de Quito, entre millares de hermosas *ñustas*[1] de la corte. Atahualpa, emotivo, desposó a la adolescente esbelta, ligera, de piel de aceituna y ojos de almendra; jamás mujer alguna doblegó así su corazón de guerrero. Palla tenía la boca encendida como el fruto de los molles[2]. Sus líneas habían sido trazadas, para lucir entre resplandores de oro y pedrería.

A partir de su desposorio anunciado por los sabios, los amautas[3], cantado por los trovadores indios, solo las vírgenes del sol tejieron las ricas vestiduras de Palla. Al verla ataviada de ese modo, Atahualpa sentía sobre su corazón el perfil de las montañas graciosas, pespunteadas por la luz pura del día.

....

[1] Princesa del Imperio inca.

[2] Árbol que crece en la zona andina y de cuyos frutos se extrae una bebida parecida a la chicha.

[3] Persona sabia que vivía en la época incaica.

Poco después, el soberano comenzó a encontrar defectuosos los vestidos de la reina. Ninguno convenía a la joven figura de su cuerpo. Ninguno permitía resaltar el brillo de sus ojos de alegre *cutiurpilla*. Por eso, Atahualpa pensó muy seriamente en que aquellos regios mantos debían ser confeccionados con el más puro oro de la tierra, el de los secretos filones de los Llanganates.

Uno y otro día pensó a solas. Luego, resolvió llamar a la princesa más linda del Reino de Quito, Palla, haciéndola confidente de su resolución.

Cuando ella estuvo en su presencia, el soberano le dijo apasionadamente:

—Eres muy hermosa…, fresca como los amancayes[4] de los reinos del sur.

Palla sonrió coqueta, complacida.

—Quiero para ti el más lujoso manto soñado por las *ñustas*; para ello te llevaré a las ignotas regiones de los Llanganates. Allí obtendremos el oro necesario.

Palla no disimuló el destello feliz de sus ojos de almendra. En su corazón saltaban inquietas mil venadas. En el pecho sentía clavada una saeta azul. No pronunció palabra, a fin de no interrumpir aquellas inusitadas confidencias. Dejó que el monarca abriera los secretos de su corazón.

—Lucirás el oro de los Llanganates. Como nadie conoce el camino, a más de tres personas a contarse conmigo, es indispensable que, una vez, la primera, yo te guíe.

»Saldremos sin ser vistos. Nos protegerá la noche, el frío de la tierra escarpada, por donde iremos siempre.

---

[4] Varias plantas toman este nombre, pero todas se encuentran en nuestra América. La flor de una de estas especies es parecida a la azucena.

Nos ayudará, sobre todo, el silencio de mis fieles vasallos. Jamás nadie sabrá por ellos dónde se encuentran las escondidas cuevas de los Llanganates. Así te verás respaldada, tanto por mi poder, cuanto por el silencio, la fidelidad de la gente que te rodee. Después, cuando precises de mayores cantidades de oro para tus adornos, ya no irás conmigo; te bastará la compañía de mi guardia favorito.

Palla, con el mismo silencio con que vino al llamado de su soberano, se fue de su presencia, saboreando anticipadamente la felicidad de poseer aquella hermosura que había cautivado, en extremo, al más poderoso monarca del Reino de Quito.

Se alejó envuelta en la loca alegría de su juventud prometedora, en el ala blanca de sus pensamientos de grandeza.

***

Como había ofrecido Atahualpa, la comitiva partió por la noche y en los primeros vientos fríos de las altas cordilleras. Nadie en la corte supo de aquel viaje. Se eligió lo selecto de la guardia, fieles vasallos, quienes pagarían con su vida cualquier ligera falta de prudencia.

Lunas después, la comitiva llegó a Tasinteo[5]. Allí descansaron los viajeros. Mientras sus vasallos renovaban fuerzas, la princesa de los ojos alegres fue a pararse en el más alto picacho, El Pongo; desde allí, contempló la vasta tierra del Tungurahua. Ella seguramente no quiso ser vista por viviente alguno. Pero, precisamente, era la hora en que resbalan las rosas blancas del sol. Aquella

....

[5] Localidad del cantón Píllaro, en la provincia de Tungurahua.

luz la bañó toda íntegra, dejándola sobre la montaña, como un retazo de arco iris vestido de oro y pedrería.

Los campesinos de las regiones de Tasinteo y Chalata[6] jamás contemplaron espectáculo igual. Abandonando los rebaños, las chozas, las siembras, fueron hacia la montaña de la visión magnífica.

Cuál no sería su sorpresa al contemplar la hermosura de Palla, esposa de Atahualpa. No hicieron sino besar el borde de su manto, admirándola en silencio.

El soberano, sorprendido ante la curiosidad de sus vasallos, prontamente ordenó a sus soldados que continuaran el viaje. La princesa se despidió con sonrisa feliz. Los indígenas de Tasinteo y Chalata sintieron verdadera tristeza por aquella joven hermosa a quien tal vez ya no verían.

Alguien gritó emocionado:

—Vuelve pronto a que te veamos, aquí en El Pongo.

—Vuelve, hermosísima Palla —respondieron muchos más.

—Regresaré —dijo la princesa. Ya cuando, en el anda de plata, ella colocaba el mármol fino de su pie—. Volveré, y os encantaréis con la riqueza de mis vestiduras, adornadas del más puro oro de la tierra.

—Va a los Llanganates —pensaron los indígenas. Por eso ni siquiera pusieron atención para mirar el derrotero seguido por la regia comitiva. Ellos comprendían que nos les estaba permitido conocer el ignoto laberinto que conduce hacia los Llanganates.

En tanto, Palla se recostó en la litera de plata, complacida de haber respondido afirmativamente a los

....

[6] Localidad del cantón Guaranda, en la provincia de Bolívar.

indígenas, sorprendidos de su hermosura. Atahualpa nada dijo, ni siquiera porque la princesa se detuvo a hablar con tanto campesino, cuando habría sido mejor que todos ignoraran detalles de su viaje. Pero, para el corazón del monarca, la voluntad de la princesa era una saeta azul que escribía bellezas en el alma.

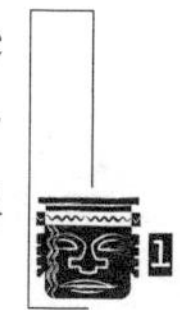

***

Año tras año, Palla realizó el mismo recorrido, acompañada de sus fieles vasallos. Los indígenas acudían, a su paso, a besar el borde dorado de su manto. Año tras año, era el comentario obligado las riquezas de los vestidos de Palla.

Por décadas, los habitantes de Tasinteo y Chalata, en cierta época del año, suspendían sus trabajos agrícolas. No recogían las mieses[7]; no sacaban los rebaños de las quinchas[8], ni había recolección de miel de cabuyo[9]. Todo lo dejaban allí, por acudir al paso de la soberana. Con este motivo realizaban vistosas festividades en su honor.

Por aquellos días, los habitantes del Reino de Quito lloraban la prisión de Atahualpa. El soberano había sido engañado por los españoles presentes en sus territorios, y nadie, a la fecha, conocía el destino del monarca. Algunos lo presentían ciertamente, pero aquello era una ligera ráfaga helada en el alma, que preferían ahogarla.

Esperaron junto a El Pongo, donde ascendía la princesa a contemplar la enormidad azul del Tungura-

[7] La mies es el cereal de donde se obtiene el pan.

[8] Pared hecha de cañas y otras fibras, recubierta de barro, que sirve de lindero para corrales u otros cerramientos.

[9] Planta americana cuyas fibras se utilizan en ciertos tejidos y de cuyo tronco se extrae un zumo azucarado.

hua. Esperaron, sufridos por haberlos privado de repente de su vista... Acaso la misma princesa vendría a comunicarles la muerte del soberano.

Unos a otros se animaban, pensando en la protección de las divinidades geográficas, pensando cómo podían unos blancos, unos tristes *tzalas*, unos «viles gallinazos» matar al hijo del Sol.

En tanto los indígenas de Chalata y Tasinteo hacían estas reflexiones, llegó la princesa de la boca de la niña y, subiendo a la alta cresta de El Pongo, pidió que fueran congregados los habitantes de los sectores aledaños.

Una vez reunidos, se sorprendieron de la pobreza de sus vestiduras. ¿Dónde estaban las perlas, el oro profundo de la tierra?

—Es necesario extraer todo el oro posible de los Llanganates para pagar el rescate de vuestro soberano —ordenó Palla mientras se diluía el marfil de su pena.

Un murmullo de emoción cundió por los cerros de Tasinteo y Chalata. Era la viva esperanza de cubrir la cantidad solicitada por los blancos, obteniendo la libertad para Atahualpa.

—Para contentar a los barbudos, a los viles gallinazos, he enviado mis ricas vestiduras. Aquellas que el mismo soberano por amor hizo trabajar a las vírgenes del sol... Ellas tejieron algo con qué dignificar mis efímeras bellezas.

En verdad, la princesa espléndida como una flor de la sierra ahora no tenía otro adorno que sus entristecidas hermosuras. Vestía como el fruto amargo de los cardos[10].

....

[10] El cardo es una planta de color oscuro y cuyas hojas son filosas. Sin embargo, el cardo siempre se relaciona con la adustez y con lo arisco de un carácter. En este caso, el color de las vestiduras de Palla contrasta por su coloración cenicienta, a comparación de su anterior brillantez.

—Yo lucía oro y pedrería para alegrar el corazón del soberano, para saludaros a mi paso; así convenía a un pueblo trabajador... Pero ya nada necesito sino el oro que salvará a mi esposo, vuestro rey.

Los indígenas lloraron aquel día por la pena de su princesa. Al verla partir en infinita caravana hacia los Llanganates, ya no pensaron sino en acompañarla. Cuantos más fueran con ella tanto más oro extraerían de las cuevas de los declives orientales, cubriendo no una sino cien habitaciones, para así colmar la ambición de los *tzalas*.

Pocas lunas después, la noticia de la muerte de Atahualpa sacudió de espanto a los indígenas. En la piedra llamada El Pongo, esperaron a la princesa que hoy debía tener el corazón destrozado. La esperaron para comunicarle de la muerte del joven monarca, acudiendo en auxilio de aquella hermosa, hoy más sola que las *tiucurpillas* del valle, más solitaria y desnuda que los molles.

Nadie volvió a contemplar la belleza de esos ojos, obreros de las últimas alegrías de Atahualpa. Pero las generaciones la siguen esperando en El Pongo, donde nacen las rosas blancas del sol. Aquello es esperar en el simbolismo de la leyenda.

Estos hombres celosos de su pasado no solo se preguntaban por qué ya no viene la última *ñusta* a regalarles el magnífico espectáculo de sus joyas y vestiduras. Averiguan también en qué lugar de la tierra le sorprendió la noticia de la muerte del soberano; quién ordenó tal vez retomar, para siempre, hacia las entrañas de los Llanganates, sepultando todo el oro del rescate... ¿Enigmas?... ¿Leyenda?...

Todos, sin embargo, coinciden en un solo pensamiento: Palla debe estar a la puerta de los Llanganates, vestida de espinas como el cardo, llorando desde las lejanías de su leyenda amarga, esperando el día de aparecer ante sus fieles vasallos, vestida igual que las demás mujeres, con una lliclla[11] gris cubriendo las cenizas de su alma.

....

[11] Prenda de vestir de las indígenas de algunas partes de América. Es una manta que cubre los hombros. Generalmente, es de color vistoso, pero en este caso los narradores manifiestan que es gris para enfatizar el carácter fúnebre del vestido.

LOS QUITOCUCHOS

Alfredo y Piedad Costales Samaniego

Los ancianos deliberaban respecto al sitio en el que edificarían la nueva capital de los shyris. Debía estar protegida de un modo natural. Las excelencias del clima facilitarían la vida. Habría montañas donde erigir las huacas[12], las pacarinas[13], en homenaje a los manes tutelares[14]. En las llanuras crecían el maíz, la quinua.

Apresurarse disgustaría a los dioses, originando una ciudad sin pucarás[15]. El pueblo guerrero, conquistador, fuerte, no aceptaría una capital fácilmente abordable. Las fortalezas tendrían seguridades de templo.

....

[12] Construcción funeraria de los antiguos indios americanos.

[13] Lugar geográfico de donde procede un *ayllu*, es decir, una familia. Este sitio se constituye como la tierra que pertenece y de donde deben nacer los descendientes de dicha familia; es un sitio que está íntimamente ligado al desarrollo de quienes nacen y crecen ahí.

[14] Los manes son las almas de los difuntos. Antiguamente, se mantenían sitios para recordarlos, en cierta manera como nuestros cementerios actuales, pero con el fin de ofrecer tributos a dichas almas. Estas, al pertenecer a «otro mundo», se convierten en protectoras de los vivos, de ahí su carácter de «tutelares».

[15] Construcción elaborada en un lugar estratégico de las ciudades. Recuerda que este era un pueblo guerrero y dichas construcciones debieron ser vitales para su subsistencia.

El hundimiento del Cullay o Cápac Urco[16] sembró, poco tiempo atrás, la muerte entre las filas crecidas de valientes. Destruyó ciudades, pueblos, no dejando rastro alguno de edificación. El ala gris de un ave gigantesca cayó sobre la vida, la diáfana arquitectura de la capital de los shyris.

Los sobrevivientes replegaron sus energías más allá de las ruinas. Los caciques y los ancianos se reunieron junto a los visibles vestigios del «gran consejo», para consultar a los dioses, enérgicos en sus designios, enigmáticos en su alta justicia. Prosigue la leyenda:

A la puesta del sol, los shyris encendieron numerosas hogueras. Las lenguas de fuego crecieron hacia el cielo. Al calor de aquellas lámparas vegetales, nacieron en racimos blancos las estrellas. El pueblo sufrido entonó, en himno religioso, algo así como el primer *jahuay*[17], tal como debió ser en el principio.

En la noche cargada de legendarias promesas, resonó la voz cascada del más viejo augur.

—Los geurgos piden que el más valiente guerrero ascienda al Itzabug.

—Sea, gran sacerdote —respondió la multitud.

—Desde el Iztabug se contempla la extensión del *llacta runa*[18]... —continuó el augur de los shyris.

—Dices la verdad, sabio nuestro —clamó el pueblo reverente.

—Desde allí, el joven guerrero arrojará con la *huaraca*[19] sagrada la piedra entregada por los sacerdotes.

....

[16] Se habla aquí del volcán que nosotros conocemos hoy como El Altar, ubicado al sureste de Riobamba.

[17] Canto indígena a los dioses, Tierra y Sol, en señal de adoración y para pedir dones.

[18] Habitante de la ciudad indígena.

[19] Cuerda que se utiliza como honda para lanzar un objeto.

—Esperamos en tu palabra, sabio nuestro.

En silencio, el pueblo dijo su última oración aquella noche. Tornó cada hombre a acurrucarse bajo las estrellas, arrebujándose como el cuerpo castigado del cabuyo. Los caciques dejaron sus curules de piedra para poder dormir cobijados de esperanzas.

Muchas veces más los sacerdotes augures consultaron los oráculos. Las divinidades profundas, geurgos, demiurgos[20] cosmológicos emitieron voces guerreras, a través de sibilas indias. Como no fueran claras las respuestas, se sucedieron los sacrificios de vírgenes hermosas, torcazas[21] y caballitos andinos.

Por fin, los oráculos de la Delfos shyri[22] exigieron la prueba de la honda sagrada, en la cima del Itzabug, como ya fue solemnemente anunciada.

Vinieron meses preparatorios levantando el espíritu del hombre. La llama de la fe debía arder, como un sol, en cada shyri. La abstinencia atraería a las divinidades protectoras. En ese mismo lapso, recogieron las mieses maduras, cortaron el corazón del cabuyo, extrayendo la miel, llenaron vasijas de barro para fermentar la chicha. Todo eso serviría para las celebraciones religiosas y profanas, luego que hubiera llegado el gran día.

¡Y fue la hora señalada por los dioses!

....

[20] Término filosófico que designa a un creador del mundo.

[21] Ave de la familia de las palomas silvestres. Hay muchos tipos de torcaza.

[22] Era el oráculo más famoso de la antigua Grecia. En él, una muchacha escogida, llamada pitonisa, atendía las preguntas de los demandantes y, después de ciertos ritos, el dios Apolo hablaba a través de los labios de la joven. Al encontrar el término *Delfos*, en este contexto indígena, notamos que el narrador está fuertemente influido por la tradición clásica y por ello utiliza ciertas referencias tales como el carácter oracular de Delfos, aunque este no pertenezca propiamente a nuestra mitología precolombina.

Encendieron un millar de hogueras en un círculo simbólico-mágico. Los sacerdotes, al centro de la esfera iluminada, erguían sus figuras envueltos en mantos de lana. En las faldas del monte sagrado, dos hileras de vírgenes del sol, portando pebeteros[23], escoltaban al guerrero que ascendería al Itzabug, el príncipe Conllicando, el *astay* de los guerreros.

La voz del augur ordenó iniciar la marcha hacia la cumbre. Entonces, Conllicando oró con fervor:

—Me acercaré al dios de los guerreros y los fuertes; él escuchará la voz de mi pueblo, enviando su respuesta.

El solo grito de los shyris le impulsó a subir custodiado por las jóvenes de los pebeteros. Su senda estaría iluminada hasta la cima.

Inició la marcha. Conllicando llevó en la diestra la honda y la piedra entregada por los hechiceros. Ya en la cima, giró su torso de atleta hacia las altas gargantas de la cordillera; colocó en la huaraca la piedra y oró por última vez.

—¡Divinidades protectoras, responded a mi pueblo que espera…!

Giró vertiginosamente la onda abriendo caminos en el aire y lanzó la piedra al infinito.

Hubo un estremecimiento horrendo en las montañas. Trepidó el Itzibug arrojando a las vírgenes, que sufrieron por sus pebeteros. Conllicando permaneció espléndido, erguido, entre los resplandores que enceguecieron a los hombres. Por fin, algo como una serpiente de fuego hendió los espacios.

Fueron breves minutos solamente, volviendo luego la serenidad a la tierra. Conllicando descendió sin

---

[23] Recipiente especialmente confeccionado para que arda en su interior una llama ceremonial o se queme alguna sustancia con fines aromáticos.

luces ni pebeteros. El pueblo permaneció sacudido de temor, la frente en el polvo.

Las mujeres acercaron vasijas de barro conteniendo chicha. El más anciano sacerdote alzó el vaso de las ofrendas, lleno de aquel líquido fermentado y brindó la primera libación a Conllicando:

—Gran príncipe, tú has hablado con los dioses, purifica tus labios.

Conllicando purificó su boca. Bebieron los demás sacerdotes, por orden jerárquica. Luego bebió el pueblo simultáneamente.

La desesperanza y la incertidumbre incendiaron el alma shyri. La chicha apagó la llama interior y los animó. Cayeron los cuerpos ebrios dolorosamente. Murió un millar de hogueras vegetales. Las últimas estrellas se columpiaron del alba.

Un ejército marchó al día siguiente en busca de la piedra que indicaría el sitio designado por los dioses para la edificación de la nueva capital de los shyris. El ejército mostró optimismo.

En tanto, el pueblo bebió los últimos cántaros. Danzó, ya pisoteando frenéticamente la tierra o alzando sus manos en amenaza a los cielos. Gritó dejando que estallen los músculos, la vida, las emociones. Cantó para llenarse de esperanza.

Al retornar, el ejército trajo malas nuevas, los guerreros que volvieron solo fueron sombras de aquellos que marcharon optimistas. Conllicando y los sacerdotes augures recibieron la noticia. La piedra de los hechiceros había caído entre los repliegues accidentados del Teligote[24] y el Limpi. Una enorme serpiente de fuego llenó de pavor la tierra.

[24] Cerro del cantón Pelileo, en la provincia de Tungurahua.

El príncipe escuchó la interpretación de los sabios, antes de comunicarse con el pueblo.

—Negación de los dioses —argumentan los sabios sacerdotes—. No es allí el sitio que favorecerían las divinidades, con sus gracias y atributos.

Conllicando, intrépido guerrero, príncipe gobernante, comunicó a los shyris:

—¡Hombres, mujeres, oídme...! Los dioses no favorecen la fundación de nuestra capital, donde ha caído la piedra. Entre el Teligote y el Limpi una enorme serpiente de fuego llena de pavor la tierra.

El dolor quebró el corazón de las gentes. Murió una primera ilusión. Grupos de hombres comentaron la adversidad del suceso. Pero una y otra vez se oyó: «Quitocuchos, quitocuchos». De uno a otro pasó el mismo nombre, agitadamente.

—No erigiremos aún la ciudad, es el pensamiento común. Mas existe ya, y por voluntad de los dioses, el rincón de los quitus.

El pueblo tornó al viaje de la resignación. La historia sepultó la leyenda.

***

Los quitocuchos, etnia actual del Tungurahua, guardan este precioso relato, al amor de sus cerros. A ellos no les interesa saber si Conllicando, en el Itzabug, hizo nuevamente de profeta, recibiendo la aprobación de los dioses. Para ellos, termina la leyenda cuando nace su pueblo. Lo cierto es que allí cayó la piedra de los hechiceros y apareció una enorme serpiente de fuego.

POSORJA

J. Gabriel Pino Roca

Discurran como quieran los eruditos, rastreadores de las lenguas muertas americanas, acerca del origen y verdadera etimología del vocablo *Posorja*, nombre del popular balneario situado sobre la costa norte del golfo, a seis horas de Guayaquil. En nada afectará aquello la remota tradición de que, en la lengua de los indígenas que poblaban esa región cuando asomaron los primeros aventureros hispanos, no significaba otra cosa, traducido al castellano, que *espuma de mar*, poético apelativo con que su pueblo llamaba a cierta hermosa joven, cuya misteriosa historia andaba en lenguas por todas las dilatadas comarcas que constituían los dominios de los hijos del Sol. Entretente con ella, amable lector, si acaso eres curioso de las quisicosas[25] del terruño. Yo te la refiero tal y como la hube de los viejos labios que la recogiera.

Años antes de que los incas, en su permanente afán de conquista, llegaran a invadir los pequeños estados y cacicazgos ribereños del golfo y río de Guayaquil, con el fin de someterlos a su dominación civilizadora,

[25] Enigma, asunto difícil de averiguar.

sucedió que ciertos indios de la tribu que moraba en las tierras contiguas al sitio en que hogaño[26] se alza el pueblecito de Posorja, y quienes desde lo alto de las lomas se la pasaban atalayando[27] el horizonte para prevenir las frecuentes y sorpresivas irrupciones que hacían desde la isla los belicosos puneños, validos de su numerosa flota de balsas, descubrieron, sorprendidos, durante una clara mañana en que las aguas corrían tranquilas y el padre Inti ascendía majestuoso al cenit, sin que una sola nube empañara su brillo, como, con rumbo a la cercana playa, avanzaba velozmente un pequeño esquife[28], de forma desusada, navegando contracorriente, sin que lo impulsara vela alguna ni se descubriera quiénes lo tripulaban.

Preocupados, bajaron los vigías a la orilla, a la que había atracado fácilmente la navecilla. Se acercaron, sobrecogidos del natural temor supersticioso peculiar a su raza. Fue en aumento su asombro cuando se cercioraron de que, en el fondo de la misma, recostada sobre mantas de algodón, pintadas de caprichosos jeroglíficos, no había otra persona que una pequeña niña que sonreía adelantándoles los bracitos, cual si les invitara a recogerla.

Aquella niña no tenía ninguna otra vestidura más que un curioso caracolillo, contrahecho en oro suspenso al cuello por un collar de diminutas cuentas del mismo metal. Sus dientecitos tenían la blancura y el esmalte de la perla, y sus cabellos, en vez de ser lacios y negros, tenían el color y la finura de las hebras que cuelgan de la mazorca tierna del maíz. El tinte de la piel difería del

....

[26] Época actual.

[27] La atalaya es una torre construida, generalmente, en un lugar alto, estratégico, desde donde se puede divisar los alrededores de la locación. El verbo atalayar corresponde a mirar desde una atalaya.

[28] Embarcación de pequeño tamaño.

común; parecía imitar el de las nubes, o el que adquieren las aguas al chocar estrepitosamente contra las rocas. En sus ojillos ovalados brillaba una luz sobrenatural y, aunque su mirar era dulce, producía en quienes se detenía una nerviosa sensación.

Fascinados, contemplaban los indios la inexplicable aparición; de pronto, cual si los moviera una fuerza sobrenatural, y en tanto la chicuela les seguía sonriendo complacida, avanzaron, mudos, los cortos pasos que los separaba de la flotante cuna; la rodearon, pusieron las manos sobre los bordes como para controlar su peso y, apercibidos de que la madera en que estaba labrada era más liviana que la de balsa, levantándola cuidadosamente, emprendieron con ella el camino del bohío[29] en que habitaba el cacique, su señor, noticiando a todos al paso de su precioso hallazgo.

El cacique, oyendo el portentoso relato y cautivado por la singular belleza de la pequeñuela, convocó inmediatamente a los más reputados adivinos y hechiceros de muchas leguas a la redonda para que examinasen el suceso y emitieran su parecer; pero ninguno logró explicar ni la procedencia ni el motivo de la inesperada visita, como, tampoco, descifrar los intrincados jeroglíficos de las mantas, ni decir qué manos pudieran haber trabajado el precioso caracolillo de oro que traía al cuello. Solo aventuraron que sería una hija del mar que este les enviaba como deidad protectora. Observando con asombro el inusitado color de su cuerpecito y de sus cabellos, y atentos a la relación que de su extraordinario encuentro hacían, una y otra vez, los vigías que hicieron tan portentoso hallazgo empezaron a llamarla, en poético lenguaje, *Po-sor-já*, que equivalía a decir *espuma de mar*. Así siguieron designán-

[29] Cabaña americana cuya única abertura es la puerta.

dola en adelante todos los que de cerca o de lejos hicieron viaje expreso por conocerla y admirarla, atraídos por la nueva que volaba de boca en boca.

***

Po-sor-já fue creciendo y entrando en los floridos días de la juventud, en casa y al amparo del valiente cacique, rodeada de todo género de cuidados y mimos. Quienes se le aproximaban, lo hacían adoptando compostura de veneración.

Objeto de la curiosidad general, venían, por conocerla y ofrecerle presentes, desde los más apartados territorios, príncipes, curacas, jefes de tribu y hechiceros, quedando prendados de su hermosura y subyugados por su mirada avasalladora.

Su sedosa y abundante cabellera la sembraba de florecillas campestres; envolvía los encantos de su cuerpo virginal entre los pliegues de las extrañas mantas que vinieron con ella desde el mar, y adornaba los torneados brazos con vistosas plumas de papagayos que le ofrendaban los hombres de su pueblo. El extraño caracolillo de oro no abandonaba nunca su preciosa garganta.

No se le permitían otros quehaceres que la participación en las danzas y festividades rituales, en que actuaba como primera personalidad, atendida por las más altas jerarquías y servida con el más religioso respeto. Sagrada para todos, que veían en ella la hija de una divinidad, nadie se hubiera atrevido a ponérsele de cerca sin su expreso mandato. Así, vagaba a capricho y libremente por praderas y lomas, entraba a los pueblos y a las cabañas, acariciaba a los pequeñuelos, corriendo y jugando con ellos; tejía hermosos penachos de plumas que obsequiaba a los sacerdotes y guerreros más ilustres; ofrendaba flores, frutos y pajarillos a los ídolos tutelares, y le eran conocidas las virtudes medicinales de las hierbas y de las plantas, que iba a buscar para remedio de los enfermos. Deleitaba a sus oyentes entonando, con voz suave y melodiosa, cánticos que componía para ensalzar la hermosura de la naturaleza, las hazañas y victorias de su gente. Pero había épocas en que no salía del bohío, en que se pasaba varios días, muda e inmóvil, sirviéndole de taburete la frágil barca en que llegó navegando de lo desconocido. Sumida en meditación profunda, erguida la cabeza, adquirían sus facciones imponente dureza, y los ojos, clavados en lo alto, se veían animados por un intenso fulgor. De tiempo en tiempo, aprisionaba entre sus finos dedos el caracolillo de oro, y, aplicándolo al oído, parecía atender a una voz familiar que le hablaba desde adentro. Luego, como cediendo a un imperioso mandato de seres invisibles, a quienes debiera obediencia ciega, profería oráculos, vaticinaba guerras, pronosticaba victorias y derrotas, anunciaba sequías o cosechas generosas, lluvias o tempestades, presagiaba pestes y muertes, impetraba sacrificios para aplacar la cólera de las divinidades irritadas. Todos la escuchaban con intenso desasosiego y mortales angustias, pues sabían que sus palabras tendrían inexorable cumplimiento. Concluía, en ocasiones, aquel estado de letargo acercando maquinalmente a los labios la encantada joya, que producía un silbido agudo y lastimero; entonces se encapotaba súbitamente el cielo, el mar se encrespaba, rugía con violencia, y se desencadenaba la tormenta.

***

Huayna Cápac, el mimado de la fortuna, el Inca de las grandes conquistas y ruidosas victorias, quien durante su próspero reinado había sumado al imperio tantos territorios y tribus como los que heredara de sus mayores, después de ceñir sus sienes con la corona de los shyris, había bajado a la costa, a la cabeza de un lúcido y aguerrido ejército, y marchaba reduciendo a su obediencia los principados y cacicazgos autónomos que encontraba al paso, cuyas fronteras se dilataban hasta la orilla del azulado mar. Unos, de grado; otros, por fuerza; algunos, en apariencia; todos habían aceptado la sumisión al cetro de los hijos del Sol, perdiendo su libertad y sujetándose a los delegados y sacerdotes que el conquistador les imponía, para que en adelante los gobernasen, en lo moral y material, conforme a las leyes y preceptos del imperio. Hasta el indómito régulo[30] de la Puná, sabiendo que el audaz emperador aparejaba una flota para asaltar la isla, le había salido al encuentro en embajada de paz y vasallaje.

***

Po-sor-já, que había predicho el acercamiento del monarca cuzqueño, el vencimiento del rey de Quito y la invasión a los estados costaneros, aconsejando a los suyos recibir pacíficamente al Inca, estaba delante de Huayna Cápac, el que, no bien alzó su campamento en aquella región y en lo alto de una de las lomas próximas al mar, había reclamado del cacique la presencia de la joven misteriosa, de quien tan sorprendentes oráculos habían llegado a sus oídos.

El famoso guerrero, rodeado de los altos personajes de su séquito, viejos augures e ilustres generales, recibió

[30] Gobernante de un territorio pequeño. Nótese que la palabra *régulo* también puede usarse de modo peyorativo y designar a un reyezuelo. Es decir, en este contexto, se da una connotación negativa a los pobladores de Puná y a su gobernante.

y acogió a Po-sor-já con marcadas muestras de atención y respeto. La invitó a tomar asiento a su lado, sobre el almohadón de plumas en que reposaba; admiró, mudo, largo rato, el raro color de la tez de la hermosa joven, el de sus inusitados cabellos; luego, la besó paternalmente en la frente, aprisionó con delicadeza sus dos manos, las llevó sobre los hombres de él, y, mirándola finamente, le dijo con voz grave y pausada:

—Muy amada hija mía, hada del mar, enviada de Pachacámac[31], tú, que recibes inspiraciones de lo alto y dices cosas que están por suceder, mira, si te es permitido y puedes, revelarme el destino que me está reservado. No abrigues ningún temor que por adversos que sean tus presagios, hablando como hablas, por permisión divina, tendré tus palabras como aviso de mi venerado padre Sol.

La joven pareció meditar breves momentos, mas, en seguida, dejó escuchar su voz armoniosa, diciendo:

—¡Oh, magnífico señor que venís desde tu distante Corte, atravesando sierras y llanuras por reducir nuevos reinos y pueblos a tu obediencia, e imponerles las leyes y ritos de vuestra poderosa y antigua monarquía! Sabed que no me es dado revelar con palabras ni hacer conocer de nadie, que no seáis vos, lo que os traerán los días futuros y los acontecimientos próximos a cumplirse. Así, invicto soberano, mira solamente en el fondo de mis ojos, que allí descubrirás lo que la divinidad que me posee quiere que te sea conocido, y lo que has de guardar secreto en tu corazón.

[31] Dios de los antiguos indígenas peruanos, anteriores a los incas, al que se le atribuía la creación del universo. Dentro de la mitología inca, más tarde, se lo identificaba como hijo del Sol y señor de Fuego. Hoy se conserva un complejo arqueológico en Perú donde se encontraba un templo de adoración para ese dios.

El Inca clavó su escudriñadora mirada en los claros ojos de su interlocutora, que se mantenían paralizados, mientras que las pupilas se iban convirtiendo en ascuas. Fascinado, Huayna Cápac veía cómo aquellos crisoles[32] de fuego aumentaban rápidamente de volumen, nublaban todas las facciones de Po-sor-já y oscurecían a las personas y objetos que se hallaban a su alrededor, hasta borrarlos por completo. Luego, aquellos dos fanales[33] se confundieron en un solo gran disco que fue adquiriendo, poco a poco, el color blanquecino de las nubes, sobre el que empezaron a dibujarse primero vagas, después, con precisión, pequeñas figuras humanas: era una sala de palacio imperial de Tomebamba, recién construido; el inca, con semblante cadavérico, estaba recostado en su lecho, en torno del cual se agrupaban, pensativos y llorosos, los grandes de su acompañamiento, en tanto, su joven y predilecto hijo, Atahualpa, de rodillas ante él, le apretaba convulsivamente la mano. De pronto, se borró esta espantosa visión para dar paso a una nueva: los personajes se multiplicaron y acudían en tropel, unos contra otros; eran dos poderosos ejércitos que se batían desesperadamente sobre una extensa llanura. Las andas de los jefes combatientes asomaban de un lado y otro por entre las apiñadas filas de los guerreros que se atacaban y repelían vigorosamente. Huayna Cápac reconoció, aterrado, que quienes de pie sobre ellas animaban con el gesto y el ademán de las huestes enemigas eran sus dos propios hijos: Huáscar y Atahualpa. El uno lucía sobre su frente la borla roja de los incas; el otro, la incomparable esmeralda de los shyris de Quito.

---

[32] El crisol es un recipiente metálico cuya función es aunar en sí sustancias duras para fundirlas, como en el caso de los metales.
[33] Farol grande que se coloca en los sitos altos de un puerto para guiar a los barcos.

Un ronquido sordo brotó de su pecho oprimido; aterrado, hizo un supremo esfuerzo, contrajo los párpados y se sacudió violentamente de las manos de la hechicera que pusiera sobre sus hombros.

Nadie se atrevió a interrogarle. Al siguiente día, después de una noche de insomnio cruel, el Inca ordenó intempestivamente levantar el campo y se volvió con precipitación camino de la sierra hacia su fastuoso palacio de Tomebamba, entre cuyos muros se cumplió, pocos meses después, el fatal acontecimiento que él viera, espantado, anticipadamente en el fondo de los claros ojos de Po-sor-já.

***

Los hijos de Huayna Cápac se encontraban en guerra abierta. La ambiciosa madre de Huáscar, mal avenida con el reparto que de su dilatado imperio había dispuesto por testamento el Gran Inca, consiguió que su hijo invadiera inmotivadamente la herencia de Atahualpa. Los encuentros se sucedían con saña, y si al principio fue adversa para el de Quito la suerte de las armas, de pronto se cambiaron sus derrotas en grandes victorias. Recuperó los territorios y ciudades perdidas, y sus formidables ejércitos, franqueando incontenibles las fronteras, habían penetrado en el corazón de las tierras de su hermano. Mientras esto sucedía, el mismo Atahualpa había descendido a la costa con una fuerte división y hacía construir apresuradamente, a orillas del golfo de Guayaquil, una poderosa escuadra de balsas para invadir la isla de Puná y hacer un tremendo escarmiento en aquellos naturales, quienes, cuando sus primeros reveses, habían tenido la osadía de declararse por la causa de Huáscar.

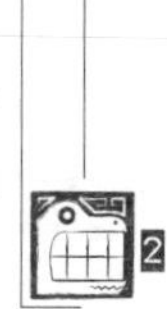

El encuentro de las flotas de Atahualpa y de Tumbalá, régulo de los confederados puneños, fue encarnizado y sangriento. Los isleños, más avezados en el mar y más diestros en las maniobras de las balsas, llevaron la mejor parte. El monarca quiteño, que había sido herido en un muslo por un dardo ponzoñoso, dio orden de abandonar el sitio de la refriega y hacer rumbo al continente, viniendo a tomar tierra en la vecindad de las lomas en que tenía su asiento el cacique, padre putativo de Po-sor-já. Los puneños, sin embargo, quedaron tan maltrechos que no se atrevieron a perseguirlos.

Po-sor-já bajó a la playa a recibir al hijo de Huayna Cápac, con los embajadores que salieron a pagarle tributo de vasallaje y a ofrecerle hospitalidad. Atahualpa la recibió con marcada curiosidad, no exenta de cierta desconfianza; tan asombroso era lo que había oído referir de sus adivinaciones y sortilegios; pero ella supo, en breve, despertar su interés y conquistar sus simpatías. Se informó minuciosamente de cómo y en qué circunstancias le había alcanzado el dardo venenoso; cuál era el estado de la herida; cómo se la había lavado y curado para impedir que se propagara la ponzoña. Cuando lo oyó todo, corrió al bosque y regresó trayendo ciertas hojas desconocidas, con las que, después de pasarlas sobre el fuego, fue cubriendo la parte desgarrada del muslo, sujetándolas con una faja que ligó fuertemente. Preparó en seguida una pócima con el zumo de pequeñas frutas rojas, que dio a beber al herido, quien, a poco, sintió mitigarse la fiebre que lo devoraba, cayendo en un sueño reparador, que endulzaba la joven con una tierna canción que entonaba a la cabecera de su lecho.

Días después, cuando el soberano de Quito y futuro Inca hubo reposado de sus fatigas y se sintió convaleciente de su peligrosa herida merced a los secretos y a los solícitos cuidados de la bella Po-sor-já, ordenó emprender la marcha hacia los baños termales de Cajamarca, en los cuales quería completar su cura, y entregarse a los ayunos y prácticas supersticiosas que le imponían anualmente las máximas de su rito; pero, antes de partir, formuló esta súplica a la hermosa joven:

—Hija de hombre o de dios, que nadie puede decirlo con certeza, tú, en quien todo es misterio, que presientes y dices cosas, según todos aseguran, que aún no son, pero que serán más tarde; tú, que debes haber hecho al Gran Inca, mi señor y padre, revelaciones tan tremendas, pues que desde aquel día quedó su espíritu contristado y no tuvo ya otra preocupación que la de su cercana muerte; mira cómo, pidiendo inspiración a las fuerzas invisibles que te iluminan, descorres ante mi vista el velo del porvenir. Quiero saber con certeza si saldré definitivamente victorioso sobre mi hermano del Cuzco, y si he de ceñir a mi frente la borla imperial de mis antepasados paternos. Apresúrate a complacerme, es un íntimo anhelo el que me mueve a este paso; te lo ruego como hombre, y te lo ordeno como rey.

Po-sor-já escuchó pensativa, con la vista clavada en el suelo, el discurso de Atahualpa. Cuando este dejó de hablar, alzó los ojos y se puso a mirarlo fijamente, cual si quisiera penetrar en lo más recóndito de sus pensamientos; después, cayó en un profundo letargo, que denotaba su inmovilidad. De tal actitud, que miraban todos sorprendidos, vino a sacarla una violenta sacudida nerviosa que recorrió todo su cuerpo y desfiguró su fisonomía, en la que se vio asomar el espanto. De sus labios rígidos, de los que había huido la sangre, brotaron lentamente estas palabras:

—Hijo del Sol, príncipe varonil, lozano vástago del árbol secular[34] de los ilustres incas, que preferís los azares de la guerra a la molicie[35] de la paz, y defendéis la independencia de vuestro pueblo como el más preciado de todos los dones; las augustas sombras de tus mayores preceden tus banderas, y próximo está el triunfo, espléndido y definitivo que, entre el alegre sonar de quipas[36] y atabales[37], coronará vuestras sienes con el fleco carmesí de los viejos emperadores del Cuzco.

El pecho de Atahualpa se alzó poderoso; el quiteño echó atrás la cabeza con orgullo; sus ojos relampaguearon entre los sanguíneos párpados, y en sus labios asomó una sonrisa de intenso júbilo.

—Empero —prosiguió la sibila, cambiando el timbre de su voz, de suerte que, ahora, simulaba lamentos—, ¡oh, veleidad de las cosas humanas!, la embriaguez de tu triunfo será efímera —diciendo esto, señaló imperiosamente, con el índice de su diestra, un gran tambor de guerra que yacía próximo al lugar en que se encontraban, lo cual hizo que todos fijaran en él sus miradas. El parche, cual si hubiera sido herido súbitamente por una mano invisible, despidió un ruido sordo y prolongado, semejante al del trueno lejano, que todos oyeron llenos de pavura.

—Empero —repitió—, poco durará tu gloria satisfecha; ved allí lo que el hado[38] inexorable tiene escrito, y lo que no deben ni pueden pronunciar humanas lenguas.

....

[34] Que ha vivido por varios siglos.
[35] Abandonado a los placeres.
[36] Concha marina utilizada como silbato.
[37] Tambor pequeño.
[38] Destino. Fuerza que, supuestamente, rige la existencia de todas las criaturas y de cuya influencia es imposible sustraerse.

Atahualpa y sus acompañantes vieron atónitos cómo, no bien se apagó la vibración misteriosa del parche, empezó este a tomar un color negro que fue intensificándose hasta adquirir el de las tinieblas. Sobre aquel fondo, empezaron a aparecer figurillas animadas, cuyos rostros y vestidos se distinguían con toda precisión: hombres distintos a los naturales de la tierra, de tez pálida, con largas barbas negras, cubiertos de armaduras y cascos no contemplados hasta allí; unos, portaban tubos que vomitaban llamas; otros, afiladas armas que cercenaban las cabezas haciéndolas rodar por tierra. Muchos cabalgaban sobre monstruos desconocidos y horribles, sembrando todos muerte y desolación en el compacto ejército del inca, que, allá en la lejana plaza de Cajamarca, denunciada por los edificios que servían de decoración, se agrupaban en torno de la lujosa litera del soberano, que era blanco de todas las embestidas. Atahualpa se reconoció fácilmente en la figura que ocupaba. Estaba de pie y hacía grandes esfuerzos por no caer de su bamboleante trono. Centenares de muertos rodaban a sus plantas, en la desesperada resistencia que sus soldados hacían por salvarle la vida; pero todo fue inútil, aquellos extranjeros se abrieron camino hasta él, lo derribaron de las andas ¡y lo arrastraron prisionero!

Una violenta ráfaga de viento sopló del mar, borró aquella tétrica visión; mas vino a reemplazarla otra menos lúgubre. En el centro de la misma plaza de Cajamarca estaba tendido el cadáver de Atahualpa, los ojos saltados de las órbitas y la lengua afuera; una cuerda de cáñamo ceñía despiadadamente las carnes de su garganta. No había junto a él ninguno de sus cortesanos o súbditos, solo, a corta distancia, un grupo de esos fantásticos adversarios. El sol, el padre Sol, era una enorme bola de sangre que caía velozmente tras los montes, como si huyera de aquella trágica escena.

En los semblantes del rey de Quito y de quienes eran mudos testigos del hechizo se pintó la palidez de la muerte; los cuerpos temblaban azogados[39], invadidos por un copioso sudor frío; el don de la palabra había dejado de ser. Quisieron levantar los brazos, mover los pies, para lanzarse contra aquella mujer endemoniada e inferirle tremendo castigo. ¡Vano empeño; se sentían enraizados en la tierra! La joven movió al fin los labios y dejó escapar esta sentencia:

—¡Príncipe infortunado, vosotros todos, los que oís mi penoso decir! Mi misión sobre la tierra ha terminado; esta era y será la última de mis revelaciones. Me vuelvo al lugar de donde vine, y del que me están reclamando. ¡Ya son contados los días de los hijos del Sol!

Con las últimas palabras, corrió hacia el mar, penetró resueltamente en las aguas y, cuando tuvo estas a la altura de su cintura, desprendió de su blanco cuello el inseparable caracolito de oro, soplando con él con dulzura. Un agudo silbido, que imitaba el chirrido del búho, hendió el espacio; una ola enorme nació a sus espaldas, y dobló sobre ella la profunda comba, haciéndola desaparecer por siempre entre sus hirvientes espumas. Luego, la voz de un trueno ensordecedor y el rayo, que trazó su rúbrica deslumbradora sobre el cielo encapotado.

---

[39] Cuando un cuerpo ha absorbido los vapores del azogue o mercurio, el primer síntoma es un temblor violento de los miembros. En este contexto, el narrador no quiere decir que por algún motivo los testigos hayan aspirado dicha sustancia, sino que utiliza una comparación elaborada en base a los efectos sobre el cuerpo del hechizo de Posorja.

HAHUA CHUMPI Y NINA CHUMPI
Descubrimiento de las Galápagos

J. Gabriel Pino Roca

De Jipijapa y Apelope venía el Inca Túpac Yupanqui en busca de la orilla del mar. Le acompañaba corto séquito: la guardia imperial, a órdenes del príncipe Huayna, y el concejo de amautas, *quipucamayos*[40] y *yaravecs*[41], encargados de auxiliar con su experiencia al monarca y de recoger en sus ñudos y cantares los hechos memorables de tan larga campaña, presidido por Inkil Túpac, el sabio. El ejército quedaba acampado en los llanos de Manta, Japotó y Picoazá, encomendado a los generales Auqui Amaru, Quehuar y Sutanka. Todas las tribus de la costa, de Tumpis[42] a Concebí, fueron arrolladas y sometidas por sus armas ven-

---

[40] Sabio inca que se encargaba de consignar los sucesos de su pueblo en los quipus, un sistema de registro en base a nudos y sogas. Solo los quipucamayos podrían descifrar los mensajes cifrados en los quipus. Aún hoy, aunque conservamos algunos quipus originales, nadie puede descifrar qué dicen, puesto que la tradición se perdió al no transmitir estos su conocimiento a las generaciones después de la Conquista.

[41] Poeta y cantor inca que recogía las tradiciones del pueblo y las narraba en forma de canciones. De ahí viene el moderno yaraví.

[42] Se habla aquí del actual territorio de Tumbes, en Perú. Durante la conquista incaica, en este territorio habitaba una tribu de navegantes y artesanos llamada Tumpi, que fue sometida por el Inca.

cedoras. Nuevas y ricas regiones vinieron a acrecentar el patrimonio de los Hijos del Sol. Pero la satisfacción de la victoria no se revelaba en el semblante del temido Túpac.

Llegó a la playa; de un gesto mandó a descansar las pesadas andas de oro sobre el muelle, arena, y allí estuvo, fija y penetrante, la mirada en el confín lejano, donde pareció confundirse el cielo y el océano. Guerreros y filósofos no osaban en levantar del suelo la vista, ni se atrevieron a distraer su atención con el más leve movimiento. Reinó un silencio sepulcral; se diría, hombres petrificados por las brisas salinas. De pronto, una ráfaga más violenta, o el morir estrepitoso de alguna ola, arrancó a Túpac Yupanqui de su grave meditación. Se dejó oír su timbrada voz:

—Acércate, Inkil Túpac, y vosotros también, padres austeros enardecidos en el estudio. Quiero saber lo que pensáis del proyecto atrevido que ya días aleja el sueño de mis párpados y guía mis pasos hasta aquí. Sabéis que el Sol, mi padre, me impone el deber de difundir sus leyes divinas y reducir a su obediencia a los pueblos todos del Tahuantinsuyo, buscándolos para ello donde habiten. Me inculcó esta doctrina, cuando niño, mi buena madre, la coya[43] Chimpu Ocllo, y por ella fui, muy joven, con mi señor y padre, a las tierras del Arauco. Asistí a las reñidas acciones de Copiapó y Copayapu[44], y apagué mi sed en las claras aguas del Maullí[45]. Ciño el *llauto*[46], y entonces, es mi primer afán

....

[43] Categoría femenina, entre los incas, que designaba a la esposa del emperador o a una princesa.

[44] Actualmente, Copiapó es la capital de la III Región de Chile. Antes de la llegada de los españoles a América, esta localidad ya había sido conquistada por los incas, y los indígenas del lugar la llamaban Copayapu.

[45] Actualmente se conoce a este río como Maule y se encuentra en la VII Región de Chile, conocida asimismo como región del Maule. Su nombre indígena significa «lluvioso» o «el río de las lluvias».

[46] Corona inca bordeada por plumas vistosas.

el reducir los pueblos existentes de Huacrachuco[47] a esta provincia. Cuatro años largos me habéis acompañado sin desmayo. Los sacrificios que hicisteis fueron siempre gratos a Pachacámac, y se cumplieron los oráculos que por vuestro intermedio profería. Estabais a mi lado cuando celebré el Inti Raymi[48] en mi florida Tumipamba[49], vuestros ruegos tornaron en apacibles las impetuosas corrientes del Quilca[50] parlador, y vuestras manos purificaron las indignas aras del inhumano dios chimú[51], fijando en ellas, por siempre, la imagen sagrada de mi luminoso padre Sol. Bien sé que todavía resta ardua empresa que acometer, que el esforzado shyri de Quito prepara nueva y heroica resistencia, en lo que aún le resta de la herencia de sus mayores; mas la continuación de tal conquista la tengo reservada a mi hijo Huayna, en que espero sabrá hacerse digno de sus antepasados.

Hizo una breve pausa, paseó dignamente la mirada por el atento auditorio, y prosiguió:

—Tenía resuelto tornar al Cuzco para dar reposo a mi cuerpo y descanso al ejército, pero, he aquí que la gente de mar de esta costa pretende que, de tiempo en tiempo, atrevidos balseros, navegando varios días, han recalado a

47 Distrito de la provincia de Marañón, en Perú. Luego de la muerte de Atahualpa, uno de los incas designados para el poder, Manco Yupanqui, inició una serie de revueltas contra los españoles y sus abusos. Huacrachuco era un territorio que pertenecía al sector norte del reino y que se intentó recobrar durante estas batallas de rebelión indígena.

48 Fiesta inca dedicada al Sol. Actualmente, aún se celebra el día 24 de junio, solsticio de invierno, época en que el sol se encuentra más distante de la Tierra.

49 Antigua ciudad cañari, territorio que hoy es la provincia de Azuay. En Tumipamba se dice que nació el heredero de Túpac Yupanqui, Huayna Cápac. Sin embargo, luego de la lucha fratricida entre Atahualpa y Huáscar, el vencedor arrasó Tumipamba para castigar la alianza entre los cañaris y el príncipe cuzqueño derrotado.

50 Río perteneciente al departamento de Arequipa, en Perú.

51 Antiguo pueblo indígena que habitaba en el norte de Perú.

unas islas que se esconden tras ese horizonte que contemplamos. Yo os pregunto: ¿será lícito que el Inca desconozca tierras que visitaron sus súbditos? ¿Y no sería glorioso para mi reinado ir, a través de esa dilatada llanura, a descubrir remotos parajes para rescatarlos de la barbarie y entregarlos al comercio de la civilización? Hay en mí algo interno que me repite que sí; empero, os ruego, me digáis si no es contrario a nuestro santo rito el propósito que he formado: Huayna, mi primogénito, es ya crecido y pruebas tiene dadas de valor y madurez. Le dejo de regente del imperio, siempre que me hagáis formal promesa de que, si pasado un año, no volviera del peligroso viaje que emprendo, le proclamaréis, en virtud de este mandato, dueño y señor del Tahuantinsuyo. Reflexionad, y decid, pensadores de mi corte.

Amautas, *quipucacamayos* y *yaravecs*, cual movidos por extraño resorte, cayeron a los pies del célebre conquistador. Así, rendidos, casi rozando el polvo con la frente, permanecieron algunos segundos. Levantó al fin el rostro Inkil Túpac, y respondió pausadamente con asentimiento de sus compañeros:

—¡Oh, predilecto Inti Churin[52], magnánimo príncipe que reinas sabiamente sobre los cuatro puntos de la tierra, cuyas hazañas portentosas llena nuestros anales y las pregonan en lenguas y cantares distintos más de cien naciones aguerridas! Sabe tu grandeza el amor que te profesan tus vasallos, testigos de tus innumerables virtudes, ¡oh incomparable *huacchacuyac*[53]!, y que ninguno de ellos sería capaz de contrariar en lo menor el más simple de tus deseos. Será lo que tú dispongas, padre, benefactor, ale-

[52] Hijo del Sol.

[53] Adjetivo que designaba al gobernante generoso con los pobres y amado por ellos.

gría de nuestra vida. Muy en consonancia con tu augusto renombre está el atrevido pensamiento que acaricias. La navegación te será propicia, el mar deleitará tus suaves oídos con sus quejas arrulladoras, el dios del viento mantendrá infladas las pintadas velas de tus balsas, y Chasca, la estrella de los cabellos largos y crespos, alumbrará tu ruta. Quede con nosotros tu caro Huayna, robusto vástago de árbol tan corpulento: él gobernará a tu nombre, cual lo previenen las leyes y ritos del imperio. Viracocha[54] te volverá a nosotros, para que, al llamarte a su lado, tu amante padre, el Sol, pueda tu cuerpo ser colocado junto al de tus antepasados, en la nave sagrada de su templo magnífico del Cuzco. Id tranquilo, que si acaso Pacharurac[55] tiene reservado para tu dulce suelo las islas fantásticas y no retornares después del año, manifestaremos al pueblo tu voluntad, y Huayna, tu heredero, ocupará el desierto trono.

Los ojos de Túpac Yupanqui brillaron con intensa luz. Respiró satisfecho; los cortesanos aprobaban su resolución.

***

Pocos días de trabajo fueron menester para aparejar la flota que debía conducir a los aventureros. Suministraron los chimúes de Puná cuarenta de sus más cómodas balsas, tripuladas por prácticos navegantes de la isla. Se embarcaron crecidas provisiones de boca, capaces depósitos de agua, y al despuntar de una alegre mañana, se hizo a la mar el ambicioso Inca, llevando consigo la suerte del viaje a expertos pilotos de

....

[54] Deidad indígena a quien se le atribuye la creación y ordenamiento del universo. Esta función de ordenador del mundo se repite en varias mitologías alrededor del mundo.
[55] Otro nombre de Pachacámac.

Sumpa y Manta. Huayna Cápac, Inkil y los generales cuzqueños, frente al ejército formado en la playa, le despidieron con palabras de aliento y felices vaticinios, permaneciendo en el sitio hasta que la última vela se perdiera en la lejanía.

Las balsas se deslizaron a merced de un viento favorable. A la tarde siguiente de la partida, se perdió de vista la costa. ¡El descendiente de Manco Cápac se hallaba en medio del océano!

Siguieron los días. ¿Cuántos? En el rico archivo del palacio del Cuzco estaba prolijamente consignada esta atrevida expedición, en los indescifrables quipus, arrojados al fuego por la ignorancia o fanatismo de los soldados de Pizarro. Pero los tiernos yaravíes[56] relatan que muchos soles sorprendieron sobre el mar al audaz aventurero. Le deparó el cielo el soberbio espectáculo de sus noches estrelladas; logró ver, a la distancia, un grupo de ballenas juguetonas, y le sorprendió el surco de fuego que trazó un bólido sobre la esfera sideral. Al nacer de una mañana más pura, se hallaron los indianos frente al encantado archipiélago.

—¡*Hahua chumpi*[57]!... ¡La de fuera!..., ¡la primera! —prorrumpió Túpac Yupanqui, alborozado, señalándola a sus compañeros.

Al abrigo de una tranquila ensenada, desembarcaron los imperiales y pasaron a reconocerla tierra adentro. Poco reposaron allí, el Inca se sintió arrebatado en proseguir su feliz descubrimiento. Volvieron a las embarcaciones, y, siguiendo la débil silueta de remotos islotes, dieron con otra isla mayor, de elevados picachos y rocas

[56] Melodía de origen incásico que se interpreta con quena.

[57] *Hahua* significa «fuera», y *chumpi*, «lugar o espacio en forma de círculo». Es decir, «isla de fuera».

escarpadas. Se alistaron a descender allí, prometiéndose grandes recompensas, cuando, de improviso, se escuchó en los aires un ruido sordo y prolongado, se incendió uno de los montes que coronaban la isla, y despidió a la altura flamígera columna. ¡*Non plus ultra*![58]

Aterrorizado el hijo del Sol, que siempre fueron nefastos para su casa y reino esta clase de fenómenos, ordenó presuroso el regreso al continente.

—¡*Nina chumpi*[59]!… ¡*Nina chumpi*!… ¡La del fuego! —balbuceaba, alejándose de la isla inhospitalaria.

***

El viaje de Túpac Yupanqui a las islas encantadas —las que, en la actualidad, se las conoce como Galápagos— era válido entre los habitantes de la costa ecuatoriana cuando llegaron al Perú los primeros castellanos. Se decía que al tornar el Inca a tierra firme trajo, entre otros despojos de guerra, un trono de cobre, varios prisioneros de guerra y muchas pieles de raros animales.

A pesar de esta tradición, el archipiélago solo fue casualmente descubierto por el dominico Tomás de Berlanga, el 10 de marzo de 1535.

El erudito Marcos Jiménez de la Espada cree que *Huahua chumpi* pudo haber sido *Hood* (Española), y *Nina chumpi*, *Narboroug* (Fernandina), que tiene volcanes activos y conserva vestigios de antiguas erupciones.

---

[58] Traducción literal: «No más allá». Dice la mitología latina que Hércules, al llegar al estrecho de Gibraltar durante sus aventuras, erigió dos columnas donde grabó esta inscripción. Estas columnas de Hércules eran para los antiguos un hito que limitaba el mundo conocido. Más allá, ¿quién sabe qué habría?

[59] Isla de fuego.

MUSCUY
(SUEÑO)

Reinaldo Murgueytio

Huayna Cápac, con motivo del nacimiento de Atahualpa, se forjó grandes ilusiones, pues tuvo la videncia de que este niño sería un ser superior, dotado de clara inteligencia y de refinamientos morales que le capacitarían para inmortalizarse como un inca poderoso y sabio.

Entonces concibió la idea de traer del Cuzco a los mejores amautas y *yaravecs*, maestros y poetas, que le darían conocimientos de la naturaleza y del espíritu humano, a la vez que bellas poesías simbólicas.

Con este objeto hizo un viaje expreso al Cuzco, en donde pudo darse cuenta, una vez más, del estado mental de su otro hijo, Huáscar, educado en la molicie de la Corte Imperial, tan llena de intrigas, lujos y perversiones. Comparó la vida de Quitwa[60] y se resolvió a preparar al Inca que había de sucederle, que no podía ser otro que Atahualpa.

Muy satisfecho estaba Huayna Cápac del celo y del inmenso amor que Paccha, su hermosa esposa con-

....

[60] Quito.

quistada, tenía por Atahualpa; pero quería darle educación superior, digna de un futuro gran señor.

Sobresalía el amauta Quishpe por la profundidad de sus conocimientos y por la altura moral de sus sentimientos. Fue el escogido para maestro de su hijo Atahualpa. Un discípulo de Quishpe, el *yaravec* Rice, de dulce voz y de notable ingenio para la poesía y la pintura, acompañó al Inca soberano a su regreso a Quitwa.

Una vez subieron a Tiuctiuco[61], sitio hermoso sobre Quitwa, el maestro Quishpe y Atahualpa, muchacho a la sazón; pero ya inquieto por saber, preguntó al maestro sobre el significado del siguiente sueño:

—Hace pocos días he tenido un sueño que me ha dejado pensativo, sin que me sea dable apreciar su valor en mi vida.

»Me parece que, en este mismo sitio, un tanto quebradizo por todos los lados y cuesta arriba, estaba entretenido recogiendo flores silvestres y mariposas, cuando de una de aquellas cuevas salió un animalito que al verme se hizo grande y, mientras más se me acercaba, más tomaba cuerpo y más firmemente me miraba, abriendo tamaño hocico.

»Cuando pasó por encima mío, perdió su forma y se deslizó como una niebla que me quitó el habla. No pude gritar ni mover un brazo. Así, en forma de niebla pero de mal olor, tardó en pasar algún tiempo, al cabo del cual recobré mi ser.

»Entonces miré otra vez a la cueva y volvió a salir otro pequeño animal que, tomando otra dirección sobre la ciudad, se agrandó tanto, así en forma vaporosa, que

[61] Hoy en día conocemos a este paraje como Toctiuco, barrio del centro de Quito. Recuerda que, en la época de los incas, este territorio no era una ciudad precisamente, y ciertos parajes que para nosotros hoy son tan cercanos deben de haber sido entonces como un lugar suburbano.

cubrió la ciudad durante un buen tiempo. Pero esta vez pude hablar y mover mis brazos libremente.

»Siguieron saliendo más y más animales que se evaporaban en el espacio, el último de ellos era más oscuro y fétido, y demoró mucho tiempo en diluirse en el aire, su sombra me produjo frío y vómito.

»Cuando me hubo pasado el vómito, sentí un deseo irresistible de acercarme a la cueva. Llegué hasta la puerta y solo alcancé a divisar dos ojos encendidos, poderosos, que se agrandaban y achicaban como llamándome hacia adentro.

»Me armé de coraje y penetré, pero no vi nada ni oí nada; todo era quietud y silencio. A la salida, solo vi una araña que se colgaba de su hilo para tejer su tela. Me desperté casi tranquilo y deseoso de preguntar al maestro su significado.

El amauta Quishpe dijo:

—Este sueño me revela que estás en aptitud de vencer el miedo, que no es otra cosa que la fantasía negativa de los hombres. La causa del miedo está dentro de ellos mismos y, cuando no logran vencerse a sí mismos, son víctimas de sus propios sentimientos. El esfuerzo que hiciste por penetrar en la cueva de los fantasmas significa lo que debes hacer en vigilia para destruir todas las imágenes sombrías y penosas.

»Tú debes ser como el Inti, que se lanza al espacio con luz propia y sin miedo a las tinieblas.

»Estás comenzando el camino de la sabiduría que requiere valor, resolución firme y meditación.

Atahualpa no dijo nada, solo se dio cuenta que algo trascendental sucedía en su espíritu. Tal vez caía el primer velo de su inocencia: el miedo.

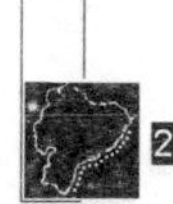

SAMKA-CANCHA
(CÁRCEL)

Reinaldo Murgueytio

Para tener seguridad en las enseñanzas diarias que el príncipe Atahualpa recibía de su maestro Quishpe, este le sometió a una prueba de valor y de estoicismo.

Existía una cárcel conocida con el nombre de Samka-Cancha en una de las quiebras de las faldas del volcán Pichincha, cercano a Quitwa y que hizo construir Huayna Cápac para castigar ciertos delitos, especialmente la traición, y para atemorizar a los pueblos que acababa de conquistar.

Esta cárcel era un lugar tenebroso en el cual moraban algunas víboras de cuyas mordeduras no podían escapar los delincuentes. Caído en ese pozo, no se salía sino hinchado y amoratado para luego ser colgado en la plaza, para que sirviera de escarmiento a los pobladores.

El maestro Quishpe condujo a Atahualpa a visitar el Samka-Cancha para poder examinar, entonces, el grado de valor y las impresiones que de hecho debían producirse en el ánimo del joven príncipe.

—¿Por qué me has conducido a este lugar? —le interrogó Atahualpa, un tanto picado por la curiosidad.

—Tú, joven príncipe, que estás llamado a gobernar, necesitas conocer estos lugares para que aprecies el dolor de los demás y para que experimentes el valor que posees.

—¿Y qué piensas hacer conmigo?

—Mira, esa víbora que ves al fondo del pozo solo muerde al verdadero delincuente, al que ha mentido, al que ha matado, al cobarde, a cualquiera que tenga una cualidad negativa y malsana. ¿Quieres tú probarte?

—Átame un lazo a la cintura y bájame al fondo del pozo y sabrás quién soy —dijo con resolución firme Atahualpa.

El amauta le bajó como él quería, y la víbora, en lugar de enroscarse para saltar, solo zigzagueó a los pies de Atahualpa, humilde y dominada por alguna fuerza invisible.

—Bien —le dijo Quishpe—, estoy orgulloso de mi discípulo. No solo has probado dominio de ti mismo e intrepidez, dos valiosas cualidades para un hombre de gobierno, sino que tu conciencia, adonde no me es posible penetrar, no te ha acusado de nada. Eres un ser puro. Ven y demos gracias a Inti, que nos ilumina por haberte dado un corazón bien formado.

Cuando Atahualpa llegó al poder ordenó que se tapara ese pozo, porque comprendió que el dolor proveniente de la tortura espanta pero no corrige, y que el mejor camino es el que se finca en el cumplimiento del deber, lo que produce una conciencia tranquila, la mejor coraza contra toda inquina.

HUAINARO YUYAYUC
(Jefe racional)

Reinaldo Murgueytio

Cuando Atahualpa entró en territorio de los puruhaes, que siempre había dado motivos de inconformidad y de rivalidad con todo lo que era extraño a su agrupación y a sus intereses, se encontró con que dos jóvenes de la nobleza se disputaban el derecho de ser curacas.

El más arrogante de ellos decía que el gobierno local le correspondía porque su padre acababa de ejercerlo; que su familia era noble y los varones habían tenido el mando, que, según las costumbres establecidas y una revelación divina manifestada, a uno de sus antepasados destinaba el mando.

Hubiera continuado hablando y exponiendo razones si Atahualpa no hubiera concedido la palabra al otro aspirante, quien, con la modestia de su talento y de sus virtudes, dijo que él solo aspiraba al gobierno como curaca por desear el bien de su pueblo, maltratado por los abusos e injusticia que se cometían, y que los derechos que le asistían por parte de sus antecesores no los tomaba en cuenta, porque el gobierno no lo iban a hacer los muertos, sino un ser viviente.

Atahualpa no hizo el menor gesto ni movió un dedo de su mano durante estas explicaciones. Solo miraba con aquella penetración de los filósofos que intuyen la verdad por encima de la palabra.

—He escuchado a los dos —dijo—, y quiero probar cuál es el más apto para gobernar esta región tan hermosa y rica. El que sea más sabio de los dos verá en la esmeralda que llevo en la frente la imagen de una huaca, que, si mira de frente, inclinará la cabeza en señal de aceptación, y si se presenta de espaldas, significa que no debe ser curaca.

—Observa bien —le dijo al primero— y cuéntame lo que veas.

El vanidoso gritando dijo:

—Ahí está la imagen, ahí está de frente, ahí me sonríe, es la huaca de mis padres, ahí está... soy el curaca por derecho.

—Ahora tú, joven silencioso, ¿qué ves? —le interrogó Atahualpa.

—Yo, gran señor, no veo nada; veo solo tus ojos que comprenden todo y tu frente serena que siempre piensa para hacer la justicia.

—Esta prueba es suficiente, pues solo he apreciado una de las cualidades para ejercer el mando. Contesta tú, el que viste la huaca, ¿por dónde has viajado y cuántos amigos tienes?

—Gran señor —dijo, repitiendo el trato de su rival—, yo he viajado mucho; he salido en cacería con frecuencia y mi brazo jamás ha errado; no sé lo que es miedo delante del puma. Amigos son todos los jóvenes de mi edad y de mi casta.

—¿Y tú?

—Mis amigos son los ancianos, porque ellos me dan consejos y con ellos medito de los tiempos pasados y en lo que dicen los astros. No conozco sino este lugar y jamás he matado ni un chucuri[62].

Atahualpa, profundamente emocionado, pero sin demostrarlo, dijo a este último:

—Tuyo es el gobierno, porque has sabido demostrar sinceridad y prudencia, dos bellas cualidades necesarias para hacer justicia con autoridad y para seguir con sabiduría. En cambio, tú, joven, sigue cazando pumas y saltando cerros. Y cuando hayas recogido experiencia, aprenderás el arte de gobernar.

Y diciendo esto, se alzó de su asiento para ordenar la consagración ritual del nuevo curaca.

[62] Comadreja.

LLANGANATY
(MONTAÑA DE PADECIMIENTO)

Reinaldo Murgueytio

El aprendizaje de gobierno del Reino de Quito comenzó Atahualpa desde muy temprano y con notable acierto, pues Huayna Cápac tenía especial empeño en hacer que su hijo oyera las peticiones, las quejas, las novedades que en reino tan dilatado y complejo debían presentarse día a día.

El emperador concedió audiencia, al octavo día de haber llegado, al cacique de los moches[63], muy conocidos ya por su intemperancia y por los frecuentes pleitos, muchos de los cuales terminaban con muertes.

El cacique, un hombre ya viejo y débil de carácter, venía ante el emperador a exponer lo que sucedía en su pueblo, reacio además a ofrecer el tributo obligatorio por el culto, el ejército y la familia real.

El caso grave era que una familia entera había perecido por envenenamiento de la chicha, al término de una fiesta, sin que se supiera cuáles eran los autores. La familia —era verdad— tenía muchos enemigos y por consiguiente muchas venganzas que pagar.

63 Pueblo amerindio que se asentó en la costa norte de Perú.

Ya en el palacio se sabía de antemano el espíritu quisquilloso, vengativo y difícil de los mochanos. Muchas informaciones había de la agresividad para con los pueblos vecinos y de los excesos alcohólicos.

En los censos periódicos que se efectuaban en todo el imperio, Mocha tenía reducción de habitantes y disminución en la producción, hasta el punto de que, en ciertas ocasiones, el mismo emperador ordenó que se diera a Mocha una fuerte cantidad de víveres para así evitar la hambruna, situación imposible para un pueblo dentro del incario.

Los mochanos necesitaban una solución radical y compatible con las leyes establecidas. El cambio de cacique no era suficiente. La amonestación era inútil para un pueblo que seguía sendero abajo, degenerándose cada vez más.

—Espero de la sabiduría del Gran Emperador un gran remedio para mi pueblo —le dijo el cacique, casi en un tono de desafío y de miedo.

—Los mochanos serán trasladados a una montaña virgen situada a la salida del sol, de Llactacunga (hoy Latacunga), en el primer día de la luna nueva. Serán encaminados por 5000 soldados y llevarán víveres para tres lunas, tiempo suficiente para que ellos obtengan los frutos por su propio trabajo. En cuanto al tributo, ninguno dará nada, pues el imperio no necesita cosa alguna de hombres perversos y de alma negra; su dádiva dañaría a los que reciben. Esa montaña virgen se llama Llanganaty. Allí no llegará jamás la voz ni el consuelo de mi hijo.

—¿Y qué ordenáis de vuestro cacique?... —interrumpió el pobre viejo, ya con un nudo en la garganta.

—La misma suerte que tu pueblo; donde va el cuerpo va la cabeza; allí dejarás tus huesos para ejemplo de fidelidad con tu pueblo que no supiste corregir...

La sentencia estaba dada; debía cumplirse de un modo inflexible; había que arrancar de raíz el mal.

Momentos después, Atahualpa, que había estado presente cuando su padre pronunciara la terrible sentencia, dijo:

—*Ñuca* taita, ¿por qué envías a los mochas a Llanganaty?

—Ven acá, niño shyri, ¿ves aquí estas dos plantas?... La más chica es buena y la más grande es mala, venenosa. ¿Qué harías tú para dejar vivir a la buena?

—Arrancaría la mala.

—Entonces ya sabes, los hombres como las plantas son buenos o malos; para que crezcan los primeros es necesario destruir o alejar a los malos. No permitas nunca en tu imperio que los pueblos se pierdan o se mueran por los vicios o por la maldad.

Atahualpa entendió desde entonces que la salud moral de los pueblos requiere el cambio de ambiente y el alejamiento de los grupos insanos, sin quitarles la vida y sin privarles de la libertad relativa que deben gozar los pueblos, a pesar de ser malos.

Allí está la montaña Llanganaty, impenetrable y muda como un sepulcro de un pueblo en expiación. ¿Hasta cuándo?

Los hombres, como los pueblos en decadencia, necesitan cambiar de suelo, de aire y de vida, a fin de que puedan regenerarse y ser útiles.

EL CÓNDOR DE GALOPE KAKA

Alfredo y Piedad Costales Samaniego

Al otro lado de Pachanlica[64], en la vecindad de Picaihua, más allá del río, arrancando del labio arenoso, hacia arriba, se alza como un dolmen[65] prehistórico el Galope Kaka, morada cósmica del cóndor que enamora y seduce a las longas hermosas.

Galope Kaka domina la llanura. Al fondo del tiempo y del barranco, se abre el río.

En la tierra de los picaihuas, fuera del dominio Salasaca, nace el barranco, como punto geográfico. La leyenda se origina en Salasaca. En la raíz misma del declive abrupto se sitúa el Cóndor Poguio, orlado de mentas húmedas, barros floridos que disparan estrellas en la punta de sílex[66] de los vientos... Es esta el agua del cóndor, según los nativos, que cura

....

[64] Río ubicado cerca de la ciudad de Pelileo. En sus orillas se desarrolla la parroquia de Benítez que, recientemente, ha cambiado su nombre por el mismo de Pachanlica.

[65] Construcción gigantesca en forma de mesa, donde una plancha de roca está asentada horizontalmente sobre otras dos, estas verticales. ¿Sabes algo de las ruinas de Stonehenge? Ahí tienes un ejemplo de dolmen.

[66] Pedernal.

los dolores del cuerpo y el alma, milagrosa como san Buenaventura[67].

El salasaca crédulo, cuando el poder del brujo o del curandero resulta ineficaz y las *jambi* quichuas o hierbas medicinales, tomadas en pócimas o brebajes, no devuelven la salud a los enfermos, acuden a la fuente, en busca de curación o de alivio para el alma. El romeriante[68] salasaca cruza el Pachanlica, para llegar reverente al Cóndor Poguio, llevando la humildad de sus ofrendas.

El enfermo de sarna, lepra, lesión o cualquier otro mal, recurre confiadamente a las linfas[69] del *poguio*[70] para bañarse en ellas. Luego con frutas, mazorcas de maíz, se aplica a las partes del cuerpo afectadas por el dolor, e invocando al cóndor, señor de la fuente, arroja a las aguas míticas las ofrendas, en espera de que se cumpla lo invocado.

Es una fuente del deseo. Hay una continua peregrinación. En las madrugadas frías, cuando el cuerpo del agua no despierta todavía, el romero se sumerge reverente, invocando a gritos el poder sobrenatural del cóndor de Galope Kaka...

Pero ¿qué es Galope Kaka de la tierra de los picaihuas? Un barranco entre cerros. Un corte vertical de

....

[67] Nació en Italia en 1221 y falleció en Lyon el 15 de julio de 1274. Se unió desde muy joven a la orden franciscana, y su conducta ejemplar le valió el aprecio de muchos de sus contemporáneos. Sin embargo, en aquella época, la orden franciscana no era bien vista por sus votos de pobreza entre el lujo clerical. Su fiesta se celebra el 14 de julio.

[68] Peregrino que visita un lugar de adoración por un motivo, generalmente una petición a la entidad a quien está dedicada el santuario.

[69] Como recurso poético, agua. Si revisas el diccionario, la definición de esta palabra corresponderá a términos de la Biología.

[70] Pozo.

tierra amarilla que mira de soslayo al salasaca y al pachanlica mítico.

Cuentan los salasacas viejos que antes, mucho antes de la llegada de los wirachochas[71], cuando los nativos eran dueños de su *llacta*, de su libertad, en una cueva o *uctu* de la cima del farallón[72], vivía el dueño del *poguio*, un cóndor de proporciones gigantescas. Quienes lo vieron desplegando las alas sobre las montañas más altas atestiguan su corpulencia, su pico poderoso, sus patas de acerados garfios. A nadie tocó nunca, ni siquiera a los diminutos roedores y pajarillos. Vivía solo, en la inmensidad de la comarca, vigilando su *poguio*, el agua mansa, a la que había impreso virtudes prodigiosas de salud, de sabiduría.

Por esta razón, curanderos y brujos acudían allí en demanda de conocimientos... El cóndor de Galope Kaka era bueno, amaba a sus hijos salasacas extremadamente. Los atardeceres, mientras el sol se fragmentaba sobre la superficie del Pachanlica, trayendo en su gorguera blanca, la diafanidad[73] del cielo, descendía en majestuosos círculos hasta el *poguio*, para mitigar la sed que la sola presencia de los arenales producía.

Un día, todo cambió violentamente para la comarca.

El cóndor se sintió solo, le habían abrumado los años con nostalgias.

Y allí nace la leyenda de su soledad, de su misterio, de su vida misma, maltratada por el instinto brutal.

Siguiendo el curso de sus pensamientos, cuenta Pambashu, con dulce ingenuidad, en un extraño tono

[71] Ya sabes que este era un dios inca. Por tanto, aquí se hace referencia a la conquista inca.

[72] Trozo de roca que sobresale del mar o de la tierra.

[73] Transparencia, claridad.

de certeza en sus palabras, la leyenda que su pueblo conserva celosamente.

Habla el informante con voz que más tiene de oración agraria:

—*Tutamantita... tutamantita... Tzhuyu tzhuyu.*

Muy por la mañana, entre oscuro y claro, la longa más guapa de Salasaca tomó el camino del *poguio* de Galope Kaka. Iba en busca de curación para sus males de amor. El runa[74] más bravo de la comarca, el Baltio de Guasalata la engañaba con otra.

El *chaquiñán*[75] despertó con la leve pisada de la longa, cuando todavía los luceros dormían entre armiños. Llegó a orillas de Pachanlica. Lentamente cruzó sus aguas y, de nuevo dejando menudas huellas en la arena, encaminó sus pasos al *poguio*.

Se respiraba un prolongado silencio, roto a momentos por el canto del agua. La longa se identificó con el silencio, cuando este, sobre sandalias de brisa, huyó de puntillas por el columpio esmeralda de los cerros.

Arriba, arrebujado en su penacho de nubes, Galope Kaka vibraba en el puño apretado de los vientos. Todo era silencio. Mallu Quinche, la longa, desató la lliclla anudada a la espalda para sacar con sus manos pequeñas, finas, casi místicas, mazorcas de maíz, las más hermosas, seleccionadas de las *guayungas*[76] de casa. Las apretó contra el corazón adolorido, para luego arrojarlas al *poguio*, donde quedaron brillando, como cruces de plata, en el temblor impreciso del agua. En cuclillas se dejó estar por largo rato, suplicando, en lo íntimo, la ayuda del cóndor.

....

[74] Hombre indio.

[75] Sendero.

[76] Atado de mazorcas de maíz.

Cuando el sol apareció hacia el oriente de Nitón, como una rosa blanca, Mallu Quinche se quitó las vestiduras para sumergirse en el *poguio*... Temblaron las ondas y el cuerpo moreno sintió la caricia del agua, como una palabra nunca dicha... Despertaron los berros para disparar sus estrellas sobre el agua. Valiéndose de un pilche[77] cóncavo, como sus senos vírgenes, se echó el agua sobre la cabeza y, poco a poco, velando con la cristalina transparencia, la morena desnudez del cuerpo, con reverencia religiosa, tomó de nuevo las mazorcas que reposaban en el fondo del agua, y, alzándolas, con los brazos extendidos, ofreció el tributo a Galope Kaka, pronunciando esta invocación al cóndor:

—*Cundur... allí cundur... Ñuca llaquipi yuyay... Ñuña ancha shugu nanay upallachi... Ricuy hatun apu, cay munanay caspacunata apamurcani canta carangapac... Nanay shunguta upallachi... Ñuca cuyashca runa tigrachum... Huayra shina shamuchum... Uyapay alli cundur, mana uyacpi Curi Cruzpac uctuman risha, Imbabura Paluman mañasha huañachichum, sunguta surcuchum... Uyapay apu cundur... Pay tigrachum... Tigrachum...*

Creció la mañana. De los esqueléticos brazos de los helechos, el intermitente rocío iba a morir sobre la vereda herbosa de la fuente. Cuando creyó calmadas las soledades de su corazón, al contacto del agua, a la fuerza de su invocación, salió del *poguio*. Se vistió despaciosamente, sujetando el *ucunchina*[78] al pecho, la faja multicolor al anaco. Cuando se aprestaba a tomar la lliclla para cubrir sus espaldas, escuchó el leve ruido de unos pasos. Rápidamente miró hacia atrás y sus ojos

....

[77] Recipiente pequeño para recoger agua.

[78] Paño utilizado por las indígenas como ropa interior.

tropezaron con un joven indio que sonriente se encaminaba hacia ella…

«Galope Kaka, el cóndor, había hecho el milagro», se dijo para sí. Sujetó los extremos de la lliclla, con el brillante tupo[79] de plata, graciosamente echó los cabellos húmedos a la espalda y aguardó tranquila la llegada del joven Salasaca. Cuando el longo estuvo cara a cara, con una sonrisa a flor de labios, ocultando los brazos bajo la cuzma[80], dijo:

—*Huarmi ña armashcangui, cunanca humata mañachi usata jauingapac.*

(Mujer, ya te has bañado, ahora préstame la cabeza para despiojarte).

La longa no respondió. Embriagada de felicidad, tomó asiento sobre la yerba fresca. El mozo tiernamente la tomó en vilo, con sus brazos fuertes, para mirarla arrobada por breves instantes.

Entonces, ¡sucedió lo inesperado!… De la cuzma negra del runa nacieron las alas violentas de cóndor. Solo fue preciso que se abrieran para rasgar el aire, en su vuelo, hasta la cueva, en la cumbre de Galope Kaka. La longa, aterrada, ni siquiera pudo gritar. Sintió las agudas garras aprisionando su cintura, luego el vértigo, la agonía de lo imprevisto y lo horrendo.

Los padres y familiares la buscaron muchos días. Cuando todas las esperanzas parecían perdidas, alguien les comunicó que el cóndor de Galope Kaka la había tomado como mujer.

Pasaron los meses de angustia. Y un día, inesperadamente retornó al hogar paterno. Por fin pudo con-

[79] Prendedor indígena que sirve para abrochar ciertas prendas y que lleva dibujos o trazos sobre su superficie más amplia.

[80] Manto de lana, sin cuello ni mangas, que se usa en la sierra.

tarles el engaño del cóndor, que, convertido en longo salasaca, la sedujo con falsas promesas.

Meses después, dio a luz a un ser emplumado, antropozoomorfo[81], y sin poder soportar la desgracia, el dolor, abrumada por la vergüenza, murió junto al hijo del cóndor Galope Kaka.

Desde entonces, ninguna mujer soltera se atrevió a ir a la fuente de Galope Kaka, donde el cóndor, con una furia de un deseo incontrolado, esperaba seducir a una nueva longa incauta.

¡Otra vez volvió a la soledad el cóndor!... ¡A la soledad del tiempo y sin esperanzas!... Con los años, desapareció de la comarca. Dicen las gentes que lo vieron levantar el vuelo y perderse en la cumbre del Teligote...

Pero aún lo recuerdan. Pambashu, dejando el corredor de la choza, señala con el dedo en dirección a Picaihua, y dice para concluir el relato:

—*Rucuyashpa cundur huañurca Teligote huma jahuapi.*

(El cóndor murió de viejo, sobre la cabeza de El Teligote).

....

[81] Que tiene forma divida, mitad hombre, mitad animal. Viene de tres vocablos griegos: *ántropos*, hombre; *zóon*, animal, ser viviente; *morfí*, forma.

EL CHUZALONGO

Juan Iñiguez Vintimilla
Cuenca, Villa Roselena, noviembre 9 - 10 de 1942

En la Sierra, como en la Costa, es general la creencia de que existe un ser misterioso y maléfico, fruto de los amores clandestinos de padres con hijos o hermanos con hermanas, al que le dan el nombre de *chuzsalongo*, pronunciando la *z* y la *s* a un tiempo, con sonido arrastrado y sibilante.

El nombre obedece a la descripción que de él hacen campesinos y montañeses. Traza de racional, no más alto que un niño de dos años, rostro blanco y chapudo[82], labios gruesos morados, nariz chata de hornilla, orcjas grandes y vencidas hacia fuera, a modo de sopladores[83], ojos verdes pequeños, con un punto negro de fuego en el centro, y pelo corto, ralo y tieso de color rojo de braza de candela.

El cuerpo, según unos, lleva cubierto de escamas de pescado, y según otros, que aseguran haberle visto de

[82] De mejillas sonrosadas. Recuerda que antiguamente se consideraba a las mejillas sonrosadas como un signo de salud y bienestar del cuerpo, así como una buena disposición del espíritu.
[83] Abanico.

cerca, lo tiene del color de la cara, pareciendo moreno por el carate[84] y la suciedad.

Lo monstruoso de este extraño personaje, a quien da existencia la imaginación popular, está en los atributos sexuales tan descomunalmente desarrollados, que —usando las propias palabras de la indígena que me refería— los lleva *miglIados*, *tajallishcas* y cargados.

Me ha dicho que ella lo ha visto, en una mañana de sol, a eso de las once, ir por la carretera que cruza los montes de Copzhal, en las alturas de Paute, balanceándose, paso entre paso, y me ha referido como ocurrida en esos montes la tragedia siguiente.

***

—¡Sí, amo doctorcito! Existe ese jueyo animal. ¡Santo Dios! Las gentes dicen que nace del machinamiento del padre con la hija, del hermano con la hermana... ¡Asco de gente! ¡Como si no hubiera tantas mujeres en el mundo para más de eso!

—Pero ¿qué mal puede hacer esa criatura?

—¡Allí verá, patroncito! Para mí es el mismo enemigo malo[85]. Mata a la gente haciéndole *zhunguazhca*.

—¿Y qué es eso de *zhunguazhca*?

—¡Cómo tan será!... Porque tiene tan largo será. Todos dicen. Ya le voy a contar. ¡Dios misericordioso! Lo que pasó con las hijas de Andrés Gómez, y con el mismo Andrés.

....

[84] Enfermedad tropical cuyo síntoma principal es el aparecimiento de manchas de color rojo o azul.

[85] En algunos sitios, el nombrar directamente algo malo es atraerlo, por tanto, es necesario referirse a aquello con eufemismos o con frases alusivas. El nombre de Satanás, por ejemplo, jamás se dice literalmente, puesto que eso significaría invocarlo. El enemigo malo es precisamente aquel.

—¿Y no pueden matarlo? ¡Cuento de viejas!

—¡No muere, amito! ¡Dios nos guarde!

—¿Cómo fue eso de las hijas de Gómez?

—Andrés Gómez era hombre de jortunidad[86], casado y buen cristiano. Tenía dos hijas solteras, la una de 25 y la otra de 18 años; gordas, buenas mozas. ¿Qué les iba a faltar muertos de hambre a la pata? ¡Pero diga, patroncito!... Ya así sería de ser. ¡Pobres criaturas!

»Vivían en Copzhal. Ya volteaba el mes de julio. No alcanzándose con la cosecha de su posesión de abajo, les mandó el padre a las dos solteritas a cuidar la posesión del cerro, allí tan estaba ya todo amarillando, y acababan los daños la mazorca. Había buena casa, con corral para que no lleve el reposo a los borregos, ni los moras-maqui al ganado. ¡Puh! ¡Quién como él!... ¡Era rico, rico mismo el Gómez!

»Las chiquillas subieron haciendo adelantar a los animales: vacas con leche, yuntas, borregos y chivos. De la posesión de abajo estaba al alairito[87] la de arriba. Todo el día les vio el taita estar allí, hasta las seis de la tarde, que metieron los animales.

»Después de apicotarles en el corral, cuyas puertas atrancaron, entre las dositas se pusieron a cocinar. Habían entresacado *parugs*[88] para mote y tortillas. Mientras la mayor atizaba la candela, haciendo hervir el mote y calentando el tiesto tortillero, la menor molía el grano, preparaba la masa y amasaba el quesillo para el *shungo*[89]; poniéndose luego ambas a las tortillas que asaban en el tiesto.

....

[86] Oportunidad. En este contexto, quiere decir que era un hombre que tenía buena fortuna.

[87] A la vista.

[88] Maíz que se encuentra ya endurecido.

[89] *Shungo* significa corazón. Sin embargo, en este contexto, se refiere al centro de la tortilla, en donde se va ubicar el relleno.

»Entretenidas en eso, no se habían dado cuenta del paso de las horas, cuando, a eso de las nueve, estando en lo más fino, oyeron en las cercanías de la casa un silbo triste. No hicieron caso. Más tarde, otra vez el silbo. Ni juicio tampoco. Pasado un buen rato, nuevamente el silbo... Entonces, levantándose la Manuela, que era la mayor, salió a ver. ¡Qué pena! Encontrándose con un guagüita, suquito, tiritando de frío. Le hizo entrar con cariño dándole un puestito cerca del fogón para que se abrigue; pero él, calladito, se acomodó en un banco que había en un rincón, buscando lo más oscuro.

»No habían comido todavía. Cuando llegó la hora, le dieron también a él su plato. Lo recibió, y durante todo el tiempo que estuvo con ellas, hasta la hora de acostarse, había estado calladito y humilde en su rincón. Solo en los ojitos dizque le brillaba un punto de candela, como una cabeza de alfiler.

»Estaban convencidas de que el inocente huésped había estado muerto de hambre; pero no había sido así, sino que cuanto le dieron botaba detrás del banco en que estaba sentado, devolviendo los trastos vacíos.

»Lavados los platos y arregladas todas las cosas, las solteritas se acostaron a dormir, dándole también al guagua un cuerito y una pollera para cama. Y apagaron la luz.

»¡Qué noche para el pobre Gómez! Sacudía el viento las ramas, aullaban los perros, chillaban las lechuzas y lloraba el cuscungo[90]. Todo anunciaba desgracias en el vecindario. Los padres de las chiquillas habían pasado, de claro en claro, sobrecogidos y temblando por sus hijas. Algo muy grave estaba pasando en los alrededores.

---

[90] Especie de búho que se cría en el Ecuador.

»Amaneció. Desde el primer momento, Andrés era todo ojos, observando su posesión del cerro. De ver que, siendo ya las once del día, los animales permanecían en la picota, tuvo corazonadas de que algo había sucedido con las hijas, y, dejando de todo, subió a verlas.

»¡Taita diosito del cielo! Sangre... sangre desde los umbrales de las puertas. Y las puertas cerradas. ¡Qué misterio era ese!... Llamó, estrujó. Estaban aldabadas por dentro. Le iba creciendo la cabeza, y se le ponían los pelos de punta, ¡era obra del enemigo!

»Gómez era hombre de esfuerzo. Metió hombro a todo pulso. Saltó la aldaba, y se le presentó el más aterrador y doloroso espectáculo. Sus hijas violadas, muertas, nadando en sangre y derramando también sangre por la boca. La una yacía sobre la cama, con el medio cuerpo colgando fuera de ella, y la otra, en el suelo sobre la estera de desvestirse, que había delante del catre.

»Ya no quedaba sino la venganza. Loco de desesperación y de cólera, tomó Andrés su machete montañero, con que podía hacerse la barba, y, siguiendo el rastro de la sangre, se internó en el monte en busca del monstruo.

»Iba como la tempestad, con las tinieblas de la noche en el alma y el rayo del furor en las entrañas. Le buscaría a la sangrienta fiera hasta encontrarla. Y no sería hombre si no trajese al matador de sus hijas, vivo o muerto.

»El día era claro. Un sol canicular[91] hacía vibrar el aire. Las aves, acurrucadas entre las ramas, lo vieron pasar por el bosque, y dando chillidos, como cuando cruza un enemigo, saltando de rama en rama, subían a refugiarse en lo más espeso.

[91] Excesivo.

»Anduvo Andrés largo de una hora por senderos que jamás había trajinado, siguiendo la huella de sangre, y al fin llegó a una llanada circuida de boscaje, que servía de paradero a los venados y a otros animales silvestres.

»¿Qué era lo que veía? ¡Cómo imaginar barbaridad semejante! ¡No viéndole nadie hubiese dado crédito! Allí estaba tendido descansado el diminuto monstruo de cabeza roja, con los órganos de la generación extendidos sobre la grama, en zigzag, como un cable o una serpiente de muchas brazas, haciéndolos secar al sol.

»¡A él!... ¡A él! Fue directamente sobre el Maligno, con el machete en alto y el corazón resuelto. La perversa bestia ni siquiera tomó una actitud defensiva. Se paró tranquilamente, sin que alce su cuerpo más de una cabeza de arado sobre el suelo. Solo los ojos dizque le relampagueaban, y del punto de tinta de sus pupilas verdes dizque escapaban dos flechas luminosas y azuladas, que quimbliaban como la lengua de una víbora.

»Le echó el tajo mortal en la cabeza, como para dividirle en dos, con toda la fuerza de su brazo de chacarero bien comido; y el machete pasó como si fuera un espantajo de humo o de niebla; cayendo Andrés de bruces a los pies del enemigo, arrastrado por el peso de su propio cuerpo.

»De tarde, bajaron tres cadáveres.

—Pero ¿esto es cierto? —pregunté con incredulidad.

—Tan cierto, señor patroncito, como que estamos aquí. Andrés Gómez era mi vecino y acompañé a la viuda en el velorio.

Cuando terminó Victoria Yupanqui su narración, dirigiéndome a un joven que estaba conmigo y que había vivido mucho tiempo en las montañas de la provincia de El Oro, le dije:

—¿Qué le parece?

—En cuanto a que el chuzalongo existe —me contestó— es lo más cierto. Yo lo he visto en las montañas de Santa Rosa. Suquito de pelo colorado y tieso, tal como dice la Victoria. Se lo mira con pavor tal que cuando se lo encuentra o se advierte su pisada en los senderos del bosque, no se hace sino regresar o cambiar de rumbo, tomando la dirección opuesta. Me han dicho que mata con la mirada, y que muchas montuvias doncellas han perecido víctimas de su lascivia.

LEYENDAS DE LA COSTA

EL HADA DEL SANTA ANA

J. Gabriel Pino Roca

Recién fundada Guayaquil por el capitán Orellana, al pie del Santa Ana, era este designado simplemente con el nombre de Cerrito Verde. Tal consta en las antiguas historias sobre esta región, como en algunos informes remitidos a España por sus primeros colonizadores. ¿De dónde, pues, y desde cuándo le vino el nombre que hoy tiene? Cuestioncilla era esta que no dejaba de intrigarme: ávido, siempre por descubrir el motivo que tuvieron los primeros pobladores de mi amadísimo terruño para dar tal o cual denominación a este u otro lugar.

Mi curiosidad respecto del Santa Ana se ha visto satisfecha inesperadamente, debido al conocimiento casual que trabé con una negra vieja, lavandera de oficio, legítima *ciudaviejeña*, que habita allá arriba en el cerro, por onde quedan las cirguelas[92] —dice ella— «en ese cerro, en que vivieron los primeros, todos los negros, mis antepasados, con permiso de los padres de Santo Domin-

[92] Esta es solamente una mala dicción de la narradora que va en vez de «ciruela». Sin embargo, toma en cuenta este recurso de transcribir literalmente lo que la narradora dice.

go, que de ellos decían hasta hace poco que era el cerro, que ahora no más oigo ecir que's de la Municipaliá».

La conga[93], que me resultó ser una insigne memorista, me puso al corriente, en un dos por tres, de lo que oyó contar a su abuela, la que, a su vez, refería a la propia acerca del Santa Ana, guiso que ofrezco hoy al apetito del público, condimentado con la salsa que reputo indispensable para que tenga más sabor.

En tiempos inmemoriales y muchísimo antes que los huancavilcas, vivió en la península que forman el Guayas y el Estero Salado cierto pueblo de hombres hercúleos[94], de negra y luenga cabellera, gobernado por un rey de aspecto taciturno, que tenía una desmedida ambición de riquezas. Por satisfacerla, habían recorrido sus súbditos casi todos los países del continente, haciendo la guerra a sus moradores, y, a raíz de cada victoria, ponían a las plantas de su insaciable monarca los nobles metales, piedras preciosas, joyas y objetos de arte de que despojaban a los vencidos. De esta suerte sembraron el terror en muchas partes, exterminando razas, incendiando ciudades, talando campos y reduciendo a todos a la miseria; eran tan fuertes y numerosos que jamás pudieron ser vencidos. Así, a costa de la más descarada rapiña, llegó a ser el jefe de estos indomables guerreros uno de los hombres más ricos sobre la tierra.

En la cumbre del cerro se alzaba su palacio, más suntuoso que el del gran Salomón[95].

....

93 Apelativo que hace referencia a la herencia africana de la mujer negra. Esta figura literaria que el narrador ha utilizado se llama metonimia y propone la designación de un objeto con el nombre de otro, de acuerdo a una relación de sentidos.

94 Característica que denota gran fortaleza. El héroe Hércules —Heracles para los griegos— se caracterizaba por su gran fortaleza física, aunque también por su carácter violento.

95 El rey Salomón fue el último rey judío de todo Israel. Hijo de David, Sa-

Estaba construido con grandes lozas de ricos jaspes[96] y pulidos mármoles que, vistos de lejos, y bañados por la luz del sol, semejaban el más puro cristal. Su techumbre era de plata bruñida, el puente levadizo, del oro más puro; sus torres, de nácar, las paredes de selectas y odoríferas maderas, sembradas de artísticas labores, ejecutadas primorosamente con incomparables brillantes y zafiros. La portada principal era de pórfido[97], y en sus frisos y columnas campeaban caprichosos dibujos, formados con singulares perlas y esmeraldas. La guardaban cuatro enormes leones de oro macizos, cuyos ojos eran los mayores rubíes que se hayan conocido.

Dos amplias escaleras de granito conducían al palacio desde la planicie y, entre una y otra, se extendían varías terrazas, que eran otros tantos encantadores jardines, con fuentes y surtidores de oro y plata. Con todo, el ambicioso rey no se sentía harto, y ordenaba día a día nuevas expediciones contra los más lejanos estados, para saquear sus tesoros no obstante los ruegos de su bellísima hija, que comprendía que el Cielo, irritado de la insaciable avaricia de su padre, descargaría sobre este y su casa, de un momento a otro, un terrible castigo.

¡No tardaron en cumplirse todos los recelos de la joven! Un día, amaneció enferma de muerte: sentía que la sangre se le paralizaba en las venas y que el cuerpo se le iba enfriando poco a poco. Avisado el padre, quien

....

lomón pasó a la historia por su sabiduría y por el bienestar que proporcionó a su pueblo. Asimismo, ostentaba mucho poder y este se reflejó, en parte, en las maravillosas construcciones que emprendió. Entre ellas se encuentra el Templo de Salomón, lugar sagrado de los judíos. Su palacio, suntuoso al punto de guardar lujos importados de Fenicia, tardó trece años en ser construido.

[96] Roca de superficie uniforme que puede ser de varios colores.

[97] Tipo de mineral.

la tenía en gran idolatría, del desesperante estado de su hija, mandó a buscar, preso de la mayor angustia, a un famoso encantador que vivía retirado del mundo, en una gruta que había a media altura del picacho que queda allende el Salado. Se contaba de él que únicamente se alimentaba de yerbas y agua fresca que tomaba de un manantial que brotaba por allí cerca.

Cuando le tuvo en su presencia:

—Oye —le dijo—, salva a mi hija de mis amores, y te haré rico y poderoso.

—No apetezco riquezas materiales —reparó el mago, meneando la cabeza—, porque al tenerla es casi siempre causa, como en el caso tuyo, de que a los hombres se les tuerza el corazón. Solo hay un medio de salvar a tu hija, la princesa, y este consiste, precisamente, en que restituyas a la brevedad posible a sus legítimos dueños todo aquello de que los has privado indebidamente. Elige entre la salud de tu bella hija y tu necio orgullo.

—Mientes, bellaco —gritó el rey, montando en cólera.

—No hay otro remedio —confirmó el encantador.

—Pues, que muera mi hija —exclamó el avaro— antes de perder mi enorme fortuna; pero tú, brujo maldito, la acompañarás al otro mundo —agregó, descolgando un hacha de oro que pendía de la pared y lanzándose sobre el mago, dispuesto a hundírsela en el cráneo; mas este, convirtiéndose en una columna de humo, se escapó por la ventana abierta de la cámara, en tanto una voz que hizo temblar el edificio desde sus cimientos dejaba oír esta espantosa sentencia:

—Puesto que tú has preferido la posesión de vil metal a la salud de tu hija, te condeno a desaparecer con ella y tus tesoros de la superficie de la tierra, y a vivir sin vivir, dentro de sus entrañas, hasta que quiera tu buena estrella que, en la aparición que haga de hoy en adelante cada siglo, y, tal como hoy, tu bella hija, entre los hombres, se dé con uno que, de mejores sentimientos que tú, se decida por su hermosura y no por el maldito contenido de tus arcas.

No acababa de perderse en el vacío el eco de estas palabras, cuando se produjo un ruido espantoso, la colina se abrió y sepultó en su seno el magnífico alcázar[98] con sus jardines y graderías, quedando, al cerrarse, desprovista de todo vestigio que indicase la grandeza que por tantos años había sustentado. En seguida, se cubrió de apretada vegetación. Así la encontraron los huancavilcas cuando, después de su larga peregrinación por el continente, fijaron al pie de ella su principal residencia.

Corría el año 1544. Guayaquil, la fundación de Orellana, contaba apenas con siete años de existencia, y los primeros colonos, tranquilizados los indios, empezaban a hacer vida de paz. El villorrio[99] se componía de quince casitas y una humilde capilla al cuidado, esta última de un anciano dominico que vino a América con los Pizarro y se había prestado voluntariamente a sostener el culto en la localidad. Los huancavilcas, que se habían reducido al servicio de los españoles, enseñaban a estos el cultivo de los frutos de la tierra, a conocer las propiedades de las hierbas medicinales, a encontrar seguras vías de comunicación con los otros lugares de la Sierra y de la Costa. A la hora del descanso, entretenían a sus nuevos señores con las referencias que de sus fiestas

[98] Casa real.
[99] Población pequeña y con pocas casas.

y guerras pasadas les hacían, o con las divertidas historias de sus antiguos príncipes y mohanes[100].

Durante una hermosa noche de luna, se hallaban frente a la entrada de una de las mejores casitas cuatro hombres, atentos al relato que les hacía un joven indio, muy ladino, que ya había llegado a dominar bastante bien el castellano. De pronto, vino a interrumpirlos un extraño y prolongado ruido que parecía proceder de lo alto. Era como el rechinar de una pesada puerta, luego, cual el resbalar de gruesas cadenas sobre ruedas dentadas, semejando también, de cuando en cuando, al rugido del león, o a los ayes y alaridos que deben exhalar los condenados. Luego reinó el silencio de antes. El huancavilca, no bien se inició ese fenómeno, dobló la cabeza sobre el pecho y, ocultando el rostro entre las manos, permaneció inmóvil en esta actitud.

—¿Qué te pasa, Amayo? —interrogaron todos a la vez, vueltos de la sorpresa en que ellos también causara el intempestivo ruido—. ¿Por qué te aterras? Esa debe ser la voz de algún volcán cercano.

—No es volcán —arguyó el indio—. Es el anuncio de que el hada va a aparecer allá arriba en el cerro. Mis padres me dijeron que la otra vez se dejó oír igual anuncio.

Entonces, se puso a contar la fábula que en su pueblo venía transmitiéndose de generación en generación. Habló del rey avaro, de su inmenso tesoro, y de cómo le había castigado, por falta de amor a su propia hija, el poderoso encantador; pero no quiso o no supo explicar

[100] Líder religioso-cultural de los indígenas. Los mohanes tenían el poder de la adivinación y se contactaban con las fuerzas de la naturaleza. Asimismo, mantenían vivos los relatos y ritos de los pueblos.

lo que este último pronosticara acerca de los sentimientos que debían animar al que se le ofreciese ocasión de ponerse al alcance de tanta dicha. Cuando Amayo terminó su fantástica relación, los ojos del más joven de sus oyentes brillaban con intenso fulgor.

***

El teniente Nino Lecumberri era, indiscutiblemente, hombre nacido bajo muy mala estrella. Vino a América, de los primeros, y le tocó siempre ser en el rudo batallar; mas, en horas de reparto, de los de llegar a última hora. Dado al diablo, se vino a Guayaquil apenas se dijo que los huancavilcas eran guardosos de ricos metales, y que se trataba de su completa reducción. Sucedió que no era así (la suerte seguía dándole contra), y el desgraciado, con un nuevo desengaño a cuestas, se estaba pudriendo en casa de un colono, su paisano, a quien debía, para no morir, mesa y cama. De manera que al escuchar la historia del valioso tesoro que encerraba el cerrito verde, se sintió asaltado por una idea salvadora. Él iría al encuentro de esa hada que decían y, con toda seguridad, le arrancaría parte de su encomienda. ¿Para qué habían de querer las hadas, que viven del y en el aire, oro y plata? ¿Y por qué no conmover a esa del cerro, que tanto tenía?

En estas o parecidas cavilaciones se pasó en vela noche entera. No bien rayó el alba, abandonó el lecho, ciñó la espada y, saliendo del poblado, empezó a remontar el cerro, abriéndose camino por donde no lo había. Al alcanzar la cima, encontró un corpulento roble y, junto al tronco, una gran piedra dispuesta a manera de banco, que invitaba a descansar. Algo fatigado, se sentó y, entonces, sin saber de dónde pudiera haber salido, se presentó a su vista una bellísima joven cubierta de flotantes vestiduras de sutilísima seda, suelta la dorada cabellera y sembrada de menudas flores. Llevaba al cuello un sartal de piedras blancas que despedían relumbrantes destellos, y se apoyaba en una varita de plata, coronada por una hermosa piedra roja.

—Sígueme sin hablar si no eres cobarde —dijo al absorto teniente.

Se puso este de pie decididamente para indicar a la aparecida que estaba dispuesto a hacerlo.

El hada emprendió el descenso del cerro por la parte contraria a la ciudad, seguida de su atrevido acompañante, que no cesaba de admirar como esta, al andar, casi no ponía las plantas en el suelo. De pronto, se detuvo frente a una cueva abierta en el cerro, no sin volver antes la cara atrás para cerciorarse de que el joven la seguía, y animarlo con una encantadora sonrisa. Nuestro héroe franqueó la negra entrada con toda resolución. ¡Cosa extraña, el socavón se iluminó repentinamente, a un golpe que dio contra el suelo la varita del hada, y el bravo hijo de Marte pudo ver que se hallaban frente a una escalera de mármol! Bajaron y penetraron en una regia cámara bañada por la clara luz que conducían allí cuatro claraboyas. Las paredes eran planchas de plata y oro, y en cada esquina de la estancia, sobre artístico zócalo[101], descansaban otras tantas urnas de cristal rellenas de infinidad de piedras preciosas, de todo tamaño y color. En el centro había un amplio diván, cubierto de raras piedras, en el que dormía un viejo rey de blanquísima barba. Llevaba pesada corona, ceñida a la sien, y abrazaba contra el pecho un hacha de oro. A sus pies y

....

[101] Pedestal.

cabeza, cuatro majestuosos leones del mismo metal parecían guardar su tranquilo sueño.

El español estaba estupefacto, jamás imaginó que pudiera haber junta tanta riqueza. Paseaba la vista rápidamente de un lado a otro, sin saber en qué fijar su atención. La dulce y melodiosa voz del hada lo sacó de su arrobamiento con estas palabras:

—Afortunado mortal, que has llegado hasta aquí valerosamente, digno eres de ser recompensado, y vas a serlo. Todas esas preciosidades podrán ser tuyas o, si prefieres, puedes elegirme a mí como galardón de tu proeza. Yo cuidaré de tu existencia, disiparé tus penas, y seré tu inseparable y constante compañera en la ruda batalla por la vida y, cuando mueras, te llevaré a los campos de la luz eterna, donde todo es dulzura y alegría. Por una compañera así, vale bien desdeñar todo el oro del mundo. Decídete por mí —insinuó casi en tono de súplica, fijando en el soldado sus encantadores ojos.

—Sabes, cara bonita —respondió el aludido, sin trepidar—, me voy al tesoro, con él me irá mejor entre los hombres que contigo. Tú estás bien aquí en la cueva, allá abajo te iría muy mal, y hasta te expondrías a que te quemen por hechicera. Venga el tesoro, y dime pronto cómo pudiera llevármelo.

No acabó de pronunciar estas frases cuando se pobló la cámara de mil sonidos infernales: lamentos, gritos de desesperación, maldiciones. Abrió los ojos (dos ascuas de fuego) el rey dormido e, incorporándose en el lecho, dejó escapar un profundo suspiro y, con voz de trueno, increpó de esta manera al aterrado teniente que había caído de rodillas.

—Mísero, todo lo has perdido, y has vuelto, así, a condenarme a penas infinitas. Si, menos ambicioso, te hubieses decidido por el hada, mi hija, todo lo que aquí ves hubiera sido tuyo, y yo habría descansado de los tormentos que por el mismo pecado tuyo tanto tiempo devoro. Maldito, ahora debo seguir viviendo sin vivir otros cien años; pero a fe que no será solo, tú lo harás conmigo, en castigo de tus desmedidas ansias —y el rey hizo un movimiento para ponerse en pie y aprisionar las manos del joven, que las mantenía en actitud suplicante. Este se creyó irremediablemente perdido ante el aspecto aterrador del rey, pero acordándose de los milagros que se decía hechos allá en su tierra de Tudela de Navarra, mediante la invocación de su santa patrona:

—¡Mi madre santa Ana! ¡Auxilio! —clamó lleno de fe.

Un violento sacudimiento sucedió a esta fervorosa súplica, le pareció que todo se derrumbaba y se envolvía en la más negra noche, que una fuerza superior lo arrebataba, depositándolo suavemente sobre la superficie de la tierra.

Pasaron algunos instantes; el cuerpo recuperó sus perdidas fuerzas, se le tranquilizó el corazón, que parecía haber querido saltar del pecho, abrió lentamente los pesados párpados y..., ¡oh sorpresa indescriptible!, se encontró en la cumbre del cerrito bajo el añejo roble, junto al banco de piedra. Comprendiendo el motivo de su salvación, elevó sus ojos al cielo para darle gracias y, al hacerlo, observó que sobre la blanca nube ascendió velozmente una hermosa señora, de pardas vestiduras y alba toca, circundada de estrellas.

—¡Bendita seas madre de María! —gritó, reuniendo todas sus fuerzas y extendiendo sus brazos hacia la bella aparición. Luego, bajó el cerrito a grandes saltos y entró a la ciudad en carrera desalada...

***

Sorprendidos quedaron los colonos de Guayaquil con el singular sucedido que repetía una y otra vez, con loco entusiasmo y fervor, el teniente de Lecumberri, quien, días después, hacía labrar una cruz descomunal, en cuyos brazos se leía el nombre de Santa Ana, y fue a colocarla en la parte más elevada del cerro, allí donde, según él, se hallaba el roble, el que, por mucha diligencia que se hizo, no pudo ser hallado como tampoco la entrada de la cueva, en lo que se puso, desde luego, mayor empeño.

Desde entonces, se denominó a este cerrito verde Santa Ana, nombre con el que se le conoce hasta nuestros días.

LA PROCESIÓN DE LAS ÁNIMAS

J. Gabriel Pino Roca

Es incuestionable que las benditas ánimas del Purgatorio tuvieron, durante el coloniaje, marcada predilección por los países de la América española. Conforme a lo que dijeron y escribieron innumerables y respetables testigos de la época, estas aparecían y se paseaban por las principales villas y ciudades del continente en altas horas de la noche, entrando procesionalmente en iglesias y saliendo de súbito, a la vuelta de una esquina, a cualquier trasnochador, implorándole, con un cavernoso canturreo —que en el silencio de la hora llegaba claramente hasta el interior
6 de las casas vecinas al lugar—, que les acortasen su penar.

Quienes tuvieron tan intempestivo y desagradable encuentro referían, repuestos del susto consiguiente, que el cuerpo de estas extrañas visitantes de ultratumba era algo impreciso; decían que sus rostros, de desesperante palidez, revelaban angustias de muerte, y que sus ojos eran como hierro candente. Llevaban sobre las cabezas largos cucuruchos blancos, y eran del mismo color las largas y vaporosas mantas en que se envolvían. Por entre sus pliegues asomaban manos huesosas que sostenían grandes cirios coronados por una luz mortecina, y, al desfilar pausadamente, repetían en tono sepulcral: «Rogad a Dios, hermanos, por el rescate de las almas que están en el Purgatorio». ¡Brrrrr... qué miedo!

De esta suerte, se presentaron en Bogotá, Quito, Lima, el Cuzco, Trujillo, Arequipa, etc., y también en esta noble y leal ciudad de Santiago de Guayaquil, inspirando, desde su primer asomo, respetuosa devoción en las clases superiores, y miedo cerval[102] en la masa del pueblo.

En todas partes se establecieron congregaciones especiales, encargadas de recoger limosnas para aplicarlas a misas y novenas por la pronta redención de sus necesidades, llegando a tener tal auge y respetabilidad tales cofradías que fue título social el ejercer sus sindicaturas. Había día determinado en la semana en que, al son de campanillas, se salía por las calles a recoger las consabidas dádivas. Aquí, hasta hace poco, subía a las casas uno de esos limosneros con un platillo contrahecho en plata, en el cual, sobre el borde y a derecha e izquierda de una pequeña cruz, se veían dos figurillas envueltas en llamas, en actitud de implorar. Tal sujeto, antes de llegar al término de la escalera, endilgaba[103] la siguiente muletilla: «Alabado sea el Santísimo: una bendita caridad para las ánimas del Purgatorio». La tradicional costumbre ha caído en desuso.

Las ánimas, en cambio, intercedían ante la Corte Celestial, obteniendo para sus devotos no pocas gracias y milagros. Largo y cansado sería el enumerar los muchos que se les atribuía en Guayaquil, y como para muestra basta un botón, allá van dos, de diversa índole y de lo más sustancioso.

....

[102] Miedo excesivo.

[103] Dirigir.

Conocida era en todo el corregimiento la muy gran devoción que por las ánimas benditas tenía el caballero don Silvestre Florencia y Barrientos y toda su larga familia. El susodicho llevaba hechas a la cofradía apreciables limosnas, y era semanal la misa que hacía celebrar en la iglesia de San Francisco por la pronta liberación de todas ellas. Un buen día, cayó mi hombre en cama con ansias de muerte: un dolor agudo le atravesaba la boca del estómago, quitándole la respiración, agravando su triste situación los copiosos vómitos y frecuentes accesos de tos. El protomédico y dos galenos[104] más, o sea, todo el cuerpo de matasanos de la ciudad, llamados a junta, declararon, después de corta deliberación, que se trataba de nada menos que de *cólico miserere* y que, no pudiendo el paciente *tragar la bala* a causa de las arcadas y golpes de tos, el caso era fatalmente perdido, y que a don Silvestre se le enfriaría el cielo de la boca antes de dos horas.

Debo satisfacer la natural curiosidad de mis amables lectores explicándoles lo que los discípulos de Hipócrates[105], en aquel siglo, llamaban *tragarse bala*. Era, ni más ni menos, que engullirse una bola de plomo del tamaño de un coquito de Chile. Estas no podían faltar, bajo penas gravísimas, en ninguna botica para recurso tan apremiante. Las había de una onza y de media onza de peso. Pretendía la ciencia de ese entonces que el *cólico miserere* no era otra cosa que la torcedura de alguna tripa, de modo que lo único que podía

---

[104] Este sustantivo, que ahora se utiliza para denominar a los médicos, viene de Galeno de Pérgamo (130-200 d. C.). Fue Galeno un médico griego cuyos descubrimientos rigieron los conceptos médicos por más de mil años.
[105] Médico griego (400 a. C.) considerado como el padre de la medicina moderna. Su teoría sobre las enfermedades se basa en la clasificación de cuatro humores en el cuerpo: flema, bilis amarilla, bilis negra y sangre. Cuando existe un desequilibrio en el funcionamiento de estos humores, se produce la enfermedad.

volverla a la normalidad era un objeto pesado que, pasando por su interior, la obligase a desenvolverse. Si el plomo salía por el otro extremo, estaba salvado el paciente, sino se iba al hoyo con la bala adentro, pagando entonces su familia al boticario un peso en lugar de cuatro reales, que era lo que costaba su importante servicio.

En apremio tal, la atribuida esposa de don Silvestre hizo encender ocho ceras ante el cuadro de las ánimas que había en San Francisco, solicitando fervorosamente su intervención; y ello fue que, contra el fatal diagnóstico de los galenos, y únicamente aplicándole al moribundo cataplasmas calientes de linaza sobre el pecho y ayudas de cocimiento de verbena, el sentenciado estuvo en pie, al tercer día, con asombro de todo el vecindario.

***

José del Valle, natural del Morro, era carpintero de oficio y ducho en construcciones navales. Había logrado amasar algunos cuartos, con los que adquirió una pequeña propiedad en su pueblo. Tenía gran devoción por las benditas ánimas. No había misa que se celebrara en obsequio de ellas a que él dejara de asistir, y cada sábado hacía arder una vela en sufragio de ellas. Trasladado a Guayaquil para trabajar en los astilleros reales, pudo después de un tiempo, mediante rigurosa economía, comprar un pequeño solar cerca al puerto de la marina, sobre las faldas del cerro, que cercó y sobre el cual levantó una buena covacha, tomando dinero a interés con garantía de su finca en el Morro. Pero los oficiales reales suspendieron de contado, y por razones que permanecieron ignoradas, las construcciones navales; por lo que el artesano se vio con angustias mortales, no iba a poder pagar su deuda en el plazo estipulado. Su acreedor era de aquellos prestamistas que no aguantaban pulgas. Desesperado, imploraba el pobre el auxilio de las benditas ánimas. Este no se hizo esperar, pues una noche soñó que dos ánimas se acercaban a su lecho y le decían al oído: «Andrés..., Andrés..., cava al pie del viejo tamarindo que hay en tu patio, y tus angustias cesarán...». El honrado artesano, no bien rayó la aurora, se puso a la obra, y, a poco de excavar tierra, dio con un cántaro de barro lleno de onzas de oro, con lo que no solo saldó su deuda, sino que acrecentó notablemente su fortuna.

Las ánimas se presentaban en Guayaquil, regularmente, a las doce de la noche, en las plazoletas de las iglesias y, con mayor frecuencia, en la de San Francisco. También se las había visto por las inmediaciones de la Aduana Real, por lo que algunos deducían que, entre ellas, habría sujetos que en vida tuvieron que hacer con tales dependencias.

***

Era Iñigo Verdejo, oriundo de Villanueva del Rebollar, de la diócesis de Zaragoza en el reino de Aragón, habilísimo herrero y fundidor, mozo de 25 años, alto, fornido y de un valor rayano en la temeridad; pero, por otra parte, tributario fanático del librito de las cuarenta horas[106] y dies-

[106] Las cuarenta horas representan el número de horas que estuvo Jesucristo muerto. Decía San Agustín que eran cuarenta horas exactas, puesto que Jesús murió en la cruz un viernes a las 15h00, para resucitar el domingo a las 07h00. Durante estas cuarenta horas, en Semana Santa, en diversos lugares se había organizado una forma de devoción que consistía en velar durante ese tiempo, sometiendo al cuerpo a abstinencia por el lapso en que Jesús estuvo en la tumba. Por lo que sabemos, entonces, Iñigo Verdejo era uno de los participantes de dichas ceremonias.

trísimo cubiletero[107] de las muelas de santa Apolonia[108], motivos por los cuales, cuando su buena estrella se volvió de rabo, allá en la tres veces coronada Ciudad de los Reyes[109], se quedó sin un cuarto, de los muchos que ganara fundiendo campanas en varios lugares, vaciando anclas y forjando cadenas y herrajes en la maestranza del Callao, para los buques de la Real Armada. Fue entonces cuando vino a Guayaquil y se puso a trabajar con provecho en el puerto de la marina. Pero seguía de mala, y aquí como en Lima no le calentaban los pesos el bolsillo.

—¡Voto al chápiro verde! —exclamó una noche que, entre trago y trago, oía repetir lo del hallazgo del maestro Andrés por revelación de las ánimas—. Si aquellas buenas personas saben dónde hay tesoros escondidos, me lo han de decir, que yo, después y en pago, he de rezarles todas las oraciones que quieran y necesiten. ¡Como no se escondan mañana, se las entenderán conmigo!

Y, tal como lo dijo y concibió, lo puso en obra al día siguiente.

Entrada la noche y cuando todos los portones de las casas estuvieron cerrados, y la plaza desierta y oscura como boca de horno —pues no quedaba en ella más luz que la que despedía una lámpara de aceite colocada al pie de una hornacina que encerraba una figura de madera, simulacro

---

[107] Que practica con cubiletes, es decir, recipientes con los que se hacen juegos de manos.

[108] Apolonia de Alejandría fue una de las muchas mártires que sufrió la persecución a los cristianos durante el siglo III d. C. El martirio al que fue sometida consistió en la extracción de todos sus dientes de forma violenta. Es la patrona de los odontólogos. Nota también que el narrador, para darle picardía al personaje de Verdejo, lo pinta como un jugador de azar incluso con las muelas de santa Apolonia, es decir, era devoto, pero no lo suficiente como para no permitirse jugar con sus creencias.

[109] Lima. A esta ciudad se la conocía así porque su fundación se dio en fechas cercanas al Día de Reyes; además, por homenaje a los reyes de España.

del Santo Padre de Asís, a poca altura y cerca de un farolillo y varias velas de sebo—, atravesó con paso firme la plazoleta, hasta alcanzar una de las esquinas del pretil[110] formado por grandes ladrillos rojos. En aquel lugar se levantaba entonces un humilladero[111], como se ve hasta hoy, cercano a casi todas las iglesias en el interior de nuestro país.

Era el de nuestra referencia, una gran cruz de madera de roble, sostenida por un pedestal de piedra formado por cuatro amplios escalones.

El impávido hijo de Villanueva de Rebollar avanzó hasta la cruz, fijó un clavo a cierta altura del madero, colgó de él su farolillo, encendió la vela, sacó un frasco del bolsillo de la chaqueta y se metió un buen trago entre pecho y espalda. Luego desprendió del cinto una reluciente navaja gaditana[112], la abrió y, sentándose sobre el tercer escalón, la colocó a su lado y se puso a tararear una vieja canción de sus montañas, remojando de tiempo en tiempo el gaznate.

Así, en espera de la aparición de las señoras ánimas, se quedó medio dormido.

De pronto, despertó oyendo un murmullo de voces que se acercaban, eran... ¡las ánimas!... tal y como se las habían pintado. Venían en larga procesión unas tras otras, y se encaminaban al sitio en que él se encontraba. Paseando su vista sobre la larga hilera, le pareció como si fueran unas cuarenta.

—¡Ca... nastos! —se dijo, enderezándose en el asiento, y echando mano de la navaja—. La cosa ha sido

---

[110] Muro pequeño de varios materiales que se pone alrededor de lugares elevados para prevenir caídas.

[111] Lugar de devoción, generalmente señalado con una cruz o una imagen religiosa.

[112] Que procede de Cádiz, en España.

cierta y me place, porque esa buena gente me dice ahora dónde hay dinero oculto, o se las tiene conmigo, que no soy manco.

La primera ánima llegó y se detuvo al pie del humilladero, a un paso de distancia del guapo aragonés, que se había puesto de pie y, descubriendo el rostro cadavérico, clavó los ojos, que eran dos ascuas, en Iñigo Verdejo, implorándole en una voz gangosa:

—Rogad a Dios, cristiano, por las pobres ánimas del Purgatorio.

A lo que este le contestó rápido y sin inmutarse:

—Mire, hermanita, yo rogaré con gusto por vuestras mercedes todo lo que quieran y sea de su agrado; diré diariamente cuantos padrenuestros y avemarías tengan a bien mandar, y hasta rezaré misas si se les antoja; pero, antes, me dicen sus señorías, como lo hicieron con el buen maestro Andrés, dónde hay oro o plata enterrados, de los que también tengo yo urgencia suma, o con esta navajita, que es milagrosa, las saco yo a todas ahora mismo del Purgatorio y las despacho a los mismísimos infiernos —y, blandiendo el arma, continuó imperativo—: ¡Ea, en qué quedamos! ¡Usirías tienen la palabra!

No acababa de pronunciar esta frase blasfema cuando sintió, sobre la suya, una mano de fuego que le hizo soltar la navaja, escuchando al mismo tiempo esta tremenda sentencia:

—¡Descreído, impío, blasfemo!… ¡Mientras que un sincero arrepentimiento y una vida ejemplar no te rescate de las puertas del Averno, a cuyos umbrales te encuentras, sentirás esa mano sacrílega envuelta en el mismo fuego que nos abrasa!

El desgraciado en efecto sentía que un volcán le devoraba la mano de que cayera la navaja. Por vez primera lo dominó un terror, pánico... Quiso correr, mas sus pies estaban yertos..., su cuerpo se bamboleó y rodó por el suelo privado de sentido.

Volvió en sí cuando las campanas llamaban a los fieles a misa matinal y se abrían, para darles paso, las puertas de la iglesia de San Francisco, a la que Iñigo Verdejo, pálido y tembloroso, entró en carrera desalada, pidiendo a gritos confesión. Se la oyó el padre guardián, sujeto de gran virtud, quien, luego de escuchar el fiel relato del ejemplarizador suceso con las ánimas benditas, calmó los mortales dolores del converso, sumergiéndole la mano en agua bendita.

Iñigo Verdejo no volvió a salir del convento, en que vistió el hábito de donado[113]. Encerrado en el más absoluto silencio, se le veía entregado a los quehaceres del culto; por eso lo llamaban «el lego mudo», otros, «el hermano Panchito», pues dejó su nombre para tomar el del seráfico fundador de la orden. Todo momento libre que tenía lo pasaba arrodillado en fervorosa súplica al gran cuadro de las ánimas, que colgaba de una de las paredes de la iglesia. Vivió así muchos años, alcanzando edad avanzada, y, después de sus días, se aseguraba que había muerto en olor de santidad.

¡No era para menos!

113 Persona que ingresa a un convento en retiro voluntario, pero sin que por ello se convierta en ministro, sacerdote o fraile.

LA DAMA TAPADA
(Leyenda guayaquileña)

Modesto Chávez Franco

No se ganaba en Guayaquil el rumboso título de tunante[114], por los años 1700, quien no había seguido siquiera una vez a la Tapada, en alta noche por los callejones y vericuetos, por los cuales llevaba ella a sus rijosos[115] galanes.

Nunca se la veía antes de las doce ni jamás nadie oyó, en la aventura de seguirla, las campanadas del alba, a las cuatro de la madrugada.

¿De dónde salía la Tapada? Nunca se supo; pero el trasnochador de doce y pico que se entretuviese por alguno de los callejones de Alonzo o la Cruz del Ahorcado o la Velería, el Descomulgado o la Curtiembre, por Chínguere o la Encrucijada, y pasando las ruinas de la Muralla, por donde hoy Junín se toma hacia el Bajo, de seguro que el rato menos pensado tenía andando delante de sí a dos varas invariables, siempre como al alcance de la mano pero nunca alcanzable, a una mujer de gentilísimo andar, cuerpo esbeltísimo, que, aunque siempre cubierta la ca-

....

[114] Pícaro.

[115] Inquieto, dispuesto a.

beza con mantilla, manta o velo, revelaba su juventud y belleza, y a cuyo paso quedaba un ambiente de suavísimo perfume a nardos o violetas, reseda[116] o galán de noche[117].

Todo galanteador, fuese viejo verde o joven sarmiento[118], se sentía irresistiblemente atraído e inspirado para dirigirle piropos. Ella delante y él detrás, camina y camina, sin que ella alterara su ritmo; pero sin dejarse nunca alcanzar ni disminuir la distancia de una vara a lo sumo, no se sabía bajo qué influencia el acosador no podía avanzar a franquear esa distancia.

Camina y camina, la damita cruzaba célere con la pericia de una buena conocedora de los vericuetos, siempre por callejones y encrucijadas, sin franquearse a calles anchas. Zas… zas… las almidonadas arandelas[119] de su pollera, unas veces. Suas… suas… suas… los restregos de sus sayas[120] de tafetán, otras; pues nunca se repetían sus trajes, salvo la manta o el velo.

Solo pequeños esguinces de su gallarda cabeza, como animando a seguirla, solo algo así como el eco imperceptible de una ahogada sonrisa juvenil eran los acicates del galán que se empecinase en seguir a caza tan difícil. Y cosa curiosa: a su paso, los rondines[121] dormían si alguno estaba en la calle, y nadie que viniere de frente parecía verla; la visión era solo para el persecutor, que ya perdida la cabeza y el

....

[116] Flor amarillenta de la planta del mismo nombre, y cuyo origen es egipcio.

[117] Flor americana blanca, grande, que se abre durante la noche y expele un agradable aroma.

[118] El sarmiento es, en realidad, una ramita dependiente y joven de la vid. De ella nacen los racimos. Al anotar este apelativo para los jóvenes hombres, el narrador quiere enfatizar el carácter novel del galán que puede cortejar a dicha dama tapada.

[119] Vuelta o cinta que adornaba los vestidos femeninos.

[120] Vestido.

[121] Persona que se paseaba por las noches en las ciudades a modo de celador.

rumbo, seguía inconsciente, hipnotizado, cruzando callejas y callejas sin saber por dónde ni hacia dónde le llevaban su curiosidad o malicia y el irresistible imán que lo precedía.

Cuando de pronto, la tapada se detenía a raya. Daba media vuelta de precisión militar y, levantándose el velo que cubría su faz, no decía sino estas frases:

—Ya me ve usted cómo soy... Ahora, si quiere seguirme, siga...

Y el rostro tan lindamente supuesto, se mostraba en verdad bellísimo, fino, aristocrático, blanco, sonrosado, fresco, griego, magnífico; pero todo era una visión de un segundo. Inmediatamente, todas las facciones iban desapareciendo como en instantánea descomposición cadavérica: a los bellísimos ojos sucedían grandes cuencas que a poco fosforescían como en azufre; a los lindos labios, las descarnadas encías; a las mejillas, los huesos; hasta que totalizada la calavera un chocar macabro de crótalos[122] eran las mandíbulas de salteados dientes. Y un creciente olor a cadaverina reemplazaba la cauda de aromas anteriores.

Otra media vuelta de la dama; el que alcanzara a verla la hubiera visto como evaporarse al llegar a la vieja casa abandonada de don Javier Matute, calle del Bajo, junto al callejón del Mate, después de Roditi. El que no alcanzaba a ver esto allí quedaba paralizado y tembleque, pelipuntiparado, sudorifrío y baboso, o loco o muerto. Solo el que la había visto a la Tapada podía adquirir el rumboso título de tunante.

Y agrega la leyenda que el alma en pena era de una bella que en vida había abusado del comercio de la carne, sin ser carnicera.

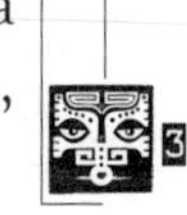

[122] Es esta una serpiente muy venenosa que posee en su cola una serie de cascabeles que hace sonar en señal de amenaza. Poéticamente, esta palabra se usa para designar un sonido como de castañuelas o, como en este caso, un cascabeleo que amenaza y de donde nada bueno puede venir.

EL ATAÚD AMBULANTE

J. Gabriel Pino Roca

Como el primer destello de los mecheros de gas, desaparecieron por encanto las brujas, almas en pena, hadas y duendes que, desde su fundación, hicieron de la muy noble y leal Guayaquil, morada predilecta. El fantasma de la Calle Real, la Viuda del Tamarindo, la procesión de las ánimas, el hada del Santa Ana, etc. Todas estas ciudadanas del otro barrio, cuyas frecuentes apariciones en nuestro pueblo constataron una y otra vez nuestros respetabilísimos antepasados, se han ido para no volver; lo que lamento es que seguro más de un prójimo, que ha puesto en cuarentena su conciencia, dejaría malas mañas y se tornaría en fraile, si al volver a casa, entradita la noche, se diera de sopetón con algún bulto blanco, sintiese una mano huesosa y fría que lo sujetase del brazo, y oyese una voz cavernosa que le dijese: «Déjese de eso, hermano, que por menos ando yo en tormento tan espantoso».

Pero divagaciones a un lado, que ni soy predicador ni es otro el propósito que me traigo el de referir a ustedes la tradición del «ataúd ambulante», última visión que se ausentó de nuestra ría, desde que tuvimos focos eléctricos en Durán y barco de guerra con reflector; aunque todavía se deja ver en noches tenebrosas por las orillas del Daule o del Babahoyo, para espanto de lecheros, balseros y otros de sus obligados traficantes nocturnos. Y allá va eso, tal y como me lo contó una mamita vieja que dijo saberlo; relato que, en el fondo, está de acuerdo con ciertas apuntaciones del Dr. Francisco Campos, en su interesante librito *Viaje por la provincia de Guayaquil*, publicado en 1877.

La residencia de los antiguos daulis estaba ubicada en los mismos terrenos en que hoy se levanta la simpática cabecera del cantón Daule. Cuando, en busca de camino que saliese a Quito, perdido entre las selvas seculares y detenido en su marcha, a cada paso, por caudalosos ríos, destacó el impávido Alvarado[123] pequeñas columnas de exploración, fue la gente del capitán Benavides la que, bajando en balsas el río, dio con el poblado en referencia, donde halló abundantes provisiones de boca y no escasa cantidad de oro y plata. Los habitantes huyeron a los montes con el primer disparo de arcabuz[124] y no tornaron a sus viviendas hasta no estar bien ciertos de que

....

[123] Conquistador español conocido por sus campañas en Centroamérica. Durante la conquista de México, fue el primer capitán de Hernán Cortés; posteriormente, se distinguió por conquistar Guatemala y El Salvador. Cuando se enteró de las riquezas del Sur y de las prósperas empresas de Francisco Pizarro en la región, se aventuró a emprender una campaña de conquista en el Reino de Quito. Su travesía, que comenzó en lo que actualmente es Manabí, no fue provechosa: al encontrarse en la sierra con Diego de Almagro y Sebastián de Benalcázar, él ya había perdido bastantes hombres y no representaba amenaza alguna para ellos. Acordaron un trato entre conquistadores y Pedro de Alvarado regresó a Guatemala.

[124] Arma de fuego, parecida al fusil, que se accionaba por medio de pólvora. Toma en cuenta que cuando los españoles llegaron a América, ellos ya conocían la pólvora y las armas de fuego, elementos totalmente desconocidos por los indígenas de esta tierra.

los intrusos habían seguido de largo y que se hallaban a muchas jornadas de distancia.

La proeza del gobernador de Guatemala tuvo lugar en 1534. Y hasta 1537, año en que el robusto brazo de don Francisco de Orellana encadenó a la veleidosa Guayaquil, que parecía no querer calentar asiento, al pie del cerrillo verde, nadie volvió a hollar los dominios de los aguerridos daulis. Mas, con la definitiva fundación de la ciudad, a orillas de río tan caudaloso como el Guayas, se despertó bien pronto entre los colonos el deseo de remontar sus aguas y reconocer las regiones circunvecinas. En una de las muchas excursiones que se organizaron con tal objeto, llegaron los exploradores hasta la metrópoli dauleña, desembarcaron en ella y, después de sostener un rudo combate con sus moradores, redujeron a cenizas muchas cabañas. Las familias indígenas se pasaron entonces a la otra banda del río, y se refugiaron aisladamente entre los bosques que encierra el Magro y el Colimes[125], evitando la vecindad de los blancos. Con todo, había sonado la hora fatal en que debía cumplirse la profecía del gran Viracocha: ¡los hijos de la tierra están sentenciados a la esclavitud! En breve reaparecieron los dueños del relámpago y el trueno, y construyeron casas sobre los escombros del abandonado hogar dauleño.

Las pintorescas riberas del cristalino río atrajeron, en efecto, la atención de los primeros colonizadores de Guayaquil. Solicitaron y obtuvieron que en el reparto de tierras se les adjudicasen allí algunas caballerías. En las fincas que se formaron en los terrenos que riega el Daule, se plantaron y rindieron fruto los primeros naranjos y limoneros introducidos de España a esta provincia, los

[125] Río del cantón Colimes, en la provincia del Guayas.

que disputaron el campo al corpulento mango, al próvido cocotero y al exuberante aguacate, reyes de esta zona. En Daule conocieron los europeos, detenidamente, el tabaco, que ha llegado a ser el más popular de los presentes que ofreció la virgen América al Viejo Mundo, y en sus sabanas y lomas, abundantemente regaladas con el jugoso gamalote[126], vivieron y se multiplicaron las vacas, los primeros toros, caballos y asnos de cría, traídos a nuestra patria desde la Península[127]. El Daule brindó rica fuente de explotación a los colonizadores de Guayaquil.

***

Chauma era el más acreditado cacique de los daulis. Todo contribuía a hacer de su persona un verdadero ídolo para los suyos: clara estirpe, pues se reputaba descendiente directo del fundador del cacicazgo; orgullo nacional, ya que jamás se avino a acatar gobierno extraño; valor personal, que siempre fue el primero en los combates. No había, en muchas leguas a la redonda, quien le aventajase en el difícil manejo de la honda, nadie quien le superase en el juego de la pesada macana[128], ninguno que imprimiese mejor dirección a las peligrosas saetas. Honrosas cicatrices adornaban su rojizo cuerpo: tres huellas de flecha en el musculado pecho, recuerdos de porfiados asaltos que intentaron los con-

---

[126] Tipo de planta que crece en América, generalmente en lugares pantanosos.

[127] Se hace referencia a la península ibérica, desde donde vinieron los españoles, y no a la península de Santa Elena. Todos los animales mencionados no son originarios de nuestro continente, sino que los españoles los trajeron en sus viajes de conquista y estos se adaptaron bien al medio, dando incluso sitio a nuevas razas.

[128] Artefacto pesado, de hierro o madera, que se asemeja a una cachiporra.

federados huancavilcas a la isla Puná; dos profundas señales de hiriente cachiporra, en el muslo, alcanzadas en reñido encuentro con los chimbus, y un largo corte de sable en el brazo derecho, prueba elocuente de duelo cuerpo a cuerpo con los advenedizos, constituían título suficiente para que Chauma fuese lo que era: el hombre más venerado de su nación.

Aún dispersos como se hallaban sus vasallos, casi rotos los lazos de la vida social, una sola palabra suya habría bastado a reunir a los guerreros y lanzarlos a nueva lucha. Y, sin embargo, no lo hacía. Era que el dauli, convencido de que todo sacrificio resultaría estéril, había resuelto terminar tranquilamente sus días, allá en el fondo de la selva, apartado de todos, dedicado únicamente al cariño de su hija Mina, la gentil doncella cuya hermosura celebraba el pueblo en tiernas melodías, llamándola Estrella de la Mañana. Solo ella podía adormecer en su pecho el sentimiento de la perdida libertad; de otra suerte, el patriota habría ido a buscar la muerte en el real del odiado enemigo. ¿Para qué había de querer la vida, desposeído de su rango, viendo la patria oprimida?

Así, a su regreso de la villa de los blancos, en la que pasó largos días, y donde él la permitió ir, accediendo a sus repetidas instancias, en junta de otras jóvenes que acompañaban a sus padres, fieles vasallos tratantes en oro, observó Chauma, con inquietud, que la alegría se había borrado del rostro de su hija, y que solo respondía con obstinado silencio a las súplicas que le hacía para que le descubriese la causa de su aflicción.

***

Y pasaban los días, y Mina continuaba melancólica... y crecían los recelos del dauli.

***

Una noche, rugió con furia la tormenta; el viento gemía entre el ramaje; las aguas del cielo caían a torrente; el trueno retumbaba en las profundidades; el relámpago iluminaba el rincón más oscuro del bosque y el rayo partía con estrépito los corpulentos árboles.

En la cabaña de Chauma, sentados en torno al fuego, escuchaban en respetuoso silencio las voces de la madre naturaleza el cacique, su hija y cinco indios, a quienes sorprendió la tempestad lejos de sus chozas, y que buscaron protección bajo el techo de su señor. De pronto, al fulgor de un relámpago, se abrió con violencia la puerta, y un hombre, mojado de pies a cabeza y tiritando de frío, se lanzó al interior, desplomándose junto al fuego. Los huéspedes, reconociendo en él a uno de los hombres blancos, echaron instintivamente mano a sus armas, interrogando al jefe con la mirada; pero el noble guerrero extendió la diestra y dijo con gravedad:

—Este hombre es sagrado mientras permanezca aquí.

Los otros volvieron a adoptar una actitud tranquila. Mina, en tanto, con la espalda vuelta hacia su padre, y agachada sobre el desfallecido, aplicaba a sus narices ciertas hierbas que fue a sacar del fondo de un *coso* que colgaba de la pared. Pocos instantes después, se incorporó el extranjero, miró a todas partes como queriendo darse cuenta del sitio en que se hallaba, y al fijar los ojos en la joven, sus facciones denotaron júbilo intenso, y de su pecho se escapó un grito de sorpresa:

—¡Mina!... ¡Mina!

La muchacha se puso lívida, el cacique profirió una interjección salvaje, los cinco indios aprestaron las hachas de cobre.

—¿Quién es ese hombre y cómo te conoce? —interrogó Chauma.

—Te lo diré —repuso Mina con firmeza—, una vez que se marche esa gente: es un secreto que nada les importa.

—Salid vosotros —ordenó Chauma con imperio, dirigiéndose al grupo.

Los indios recogieron sus arreos y desfilaron por la entreabierta puerta.

—Ahora, habla —insistió el cacique.

—Oye, padre mío —comenzó Mina vacilante—. Caiga tu cólera sobre mí, pero perdónalo a él, porque lo amo.

—¿Qué dices? ¡Infame! —exclamó el dauli, y un estremecimiento de ira recorrió todo su cuerpo.

Mina se precipitó sobre su padre, le asió ambas rodillas y prosiguió:

—Escucha..., escucha; luego sentencia. Bien sabes que no hubo hombre de nuestra raza que pasase al pueblo de los blancos a cambiar oro y que, al volver, no llegase a tu puerta para ofrecerte algún objeto de los que allí consiguió. De esos traficantes escuché siempre con agrado los relatos que hacían de la vida y costumbres de nuestros vecinos. Muchas veces los obligué a repetirme lo que sabían de aquella extraña lengua, con lo que adquirí conocimiento de multitud de palabras, que familiaricé tanto con mi memoria que, cuando cediendo tú a mis instancias, me permitiste pasar a su residencia, quedé asombrada de lo bien que los entendía. A cambio del oro que ofrecía, yo misma solicité los objetos que deseaba. Este —añadió, señalando al hispano— vendía también vistosos collares y brazaletes, con cuyo motivo vino muchas veces al galpón que ocupábamos.

»¡Ay padre, padre, no sé lo que pasó por mí desde que llegó a mi presencia! Una sensación inexplicable invadió todo mi ser, su imagen se grabó en lo más recóndito de mi corazón. Aun cerrando los ojos, no se apartaba de mí.

»Una mañana, desperté sobresaltada, al redoble de un sonoro tambor. Pregunté lo que era y me contestaron que los españoles hacían festejos a su dios. La novedad me llevó a la plaza del pueblo; vi mucha gente que entraba a un edificio y caía de rodillas ante un tablado donde un hombre, revestido de brillantes telas, presentaba una copa de oro a la imagen de una gran señora, que adelantaba los brazos como queriendo abrazar a todos. Yo me arrodillé a mi vez, sin saber por qué, y me puse a mirar con respeto aquella curiosa ceremonia.

»Cuando todos abandonaron el local, salí yo también para ir a reunirme con los míos. Me dieron entonces alcance este mancebo y el que estaba antes en el tablado, envuelto el último en un ropaje pardo y con una trenza de cabuya atada a la cintura. Me puso la mano sobre el hombro y con voz dulce, muy dulce, me preguntó:

»—¿Eres cristiana, hija mía?

»—Adoro al Sol —respondí.

»—Pero ¿quieres ser cristiana? —insistió.

»—No lo sé —le dije echando a correr.

»Más tarde, este, que aquí veis, volvió a buscarme,

y me pidió que le acompañase al templo. No pude contrariarlo..., lo amaba.

»Quince días después, era cristiana y su esposa. El sacerdote bendijo nuestra unión.

»—Voy a avisar a mi padre que te pertenezco —supliqué a mi esposo.

»—Bien —me contestó—, anda, que si no volvieres pasados diez días, iré yo a buscarte.

»Padre, no he tenido valor para arrostrar tu enojo. El plazo expiró, por eso ha venido a llevarme. Soy suya, le pertenezco.

Chauma había escuchado con atención y sin articular palabra la relación de su hija. Aun cuando dentro de su pecho se revolvían todas las pasiones, su fisonomía denotaba calma completa.

—Oye, Mina —pronunció con gravedad—, tú eras el único consuelo de mi existencia, por ti amaba la vida, tus deseos eran para mí mandatos. ¡Qué mal me pagas! ¡Reniegas de tu raza y de tus creencias! Yo podría retar a duelo al intruso, que no solo ayudó a despojarme de nuestra libertad, sino que ha robado tu cariño. Pero mi resolución es otra: te abandono a tu suerte. Yo voy en busca de la muerte, al campo del odiado enemigo. ¡Ahora verán los perros cómo sucumbe el último hombre libre de los daulis! Y, al exhalar el postrer suspiro, volveré a las plácidas regiones del Sol, a las que ya no irás tú, hija desnaturalizada, porque tan verdad como él es el dios de los dioses todos, que tu espíritu, al separarse de tu cuerpo, no encontrará descanso en parte alguna, y vagará eternamente sobre las aguas, y, así, el de todos tus descendientes, para ejemplo de las malas hijas. ¡Maldita seas!

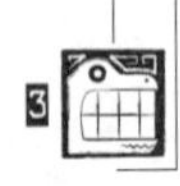

Mientras hablaba estas horribles palabras, se aproximó a la pared, descolgó de ella el arco y las flechas, los terció a la espalda, abrió la puerta y, con las últimas, desapareció en la oscuridad. Mina lanzó un prolongado sollozo y fue a caer desmayada en brazos de su esposo.

***

Los días eran muy tristes para la enamorada pareja. Desde que Chauma abandonó la choza, y de ello era casi un año, no había indio que se llegase por sus alrededores. La tenían por un lugar maldito.

El español, aburrido de la soledad, propuso un día:

—Vámonos de aquí. Más adelante se confunden las corrientes de este y otro río, y forman uno mayor. Allí existe una ciudad más grande, en donde nos será más fácil y grata la vida.

Su compañera convino. Embarcados en ligera piragua, empezaron a descender las aguas del Daule. Al llegar al villorio, vieron muchas de sus casas reducidas a escombros, y alcanzaron a saber que la noche anterior un indio de formas hercúleas, ataviado con el traje guerrero de señor principal, tal y como no se viera después de que se radicaron allí los españoles, había penetrado sorpresivamente en la plaza, seguido de unos pocos de los suyos, que arrojaban teas encendidas sobre los pajizos techos. Al toque de alarma, acudió la gente de guerra y se trabó un sangriento combate, porque esta vez no huyeron los indios ante las formidables descargas de mosquetería[129], y

[129] Carga de mosquetes. Esta arma de fuego era más larga que un fusil, tanto que necesitaba del apoyo de una horquilla para poder utilizarla.

todos cayeron víctimas del mortífero plomo. Sus cuerpos destrozados habían sido arrojados a la playa, para que sirviesen de espectáculo escarmentador a futuros rebeldes y de pasto a las aves de rapiña. Mina reconoció, horrorizada, el cadáver de su padre, y rompió en desgarradores sollozos, sumiéndose desde ese instante en mortal melancolía.

Cerca de la unión de los ríos se vieron los viajeros obligados a detenerse y solicitar hospitalidad en casa de una familia india. Mina sentía que iba a ser madre. Llamó a su esposo y, apretándolo contra su pecho, le arrancó juramento de cumplir esta, su última voluntad:

—Si muero, no me pongas bajo la tierra; colócame en un ataúd y, sin taparlo, lánzame, así, al río. Si también muere mi hijo, colócalo en mis brazos. Así conviene…, así conviene, amado mío.

***

Los presentimientos de Mina se cumplieron. Al rayar la aurora, había dejado de ser ella y el fruto de sus amores.

Todo el día lo empleó el desolado esposo, ayudado de algunos indios, en fabricar un ataúd, lo mejor que pudo, en el que colocó el cuerpo de Mina, acomodando sobre sus brazos el del niño, su hijo. Entrada la noche, levantó en hombros aquella carga que encerraba las prendas de su corazón, llegó a la orilla, puso el ataúd en una canoa, remó hasta llegar a medio río, soltó el remo y se alistó a dar cumplimiento a la sagrada promesa hecha a la moribunda. El firmamento estaba tachonado de estrellas, la brisa esparcía el perfume de las flores que tapizaban la orilla.

Llegó el momento solemne, el navegante suspiró con violencia: necesitaba reunir todas sus fuerzas para llevar a cabo su triste cometido. Hizo un movimiento brusco… vaciló; al fin, armándose de resolución, y dejando escapar copiosas lágrimas, alzó la caja, la colocó sobre el borde de la canoa e, imprimiéndole impulso, la lanzó a la corriente.

—¡Adiós, Mina! ¡Adiós, hija del alma!

Se preparaba a verla sumergirse; quería guardar el recuerdo de su desaparición; mas, ¡oh sorpresa!, el ataúd, en lugar de hundirse, permaneció fijo sobre la superficie. Un segundo después, cual impelido por fuerza sobrenatural, partió como una flecha, en dirección de la ribera más lejana. El hispano siguió azorado con la vista su fantástica carrera, creciendo su asombro al mirar que, no bien tocó tierra, cuando tomó con la misma velocidad opuesta dirección. Entonces, apareció la luz de un cirio encendido sobre su cabecera, lo que permitía divisar desde lejos las facciones de ambos cadáveres.

¡El hombre dejó escapar un grito sordo y bogó a tierra con desesperación!

***

Desde aquel día, y ya suman miles, hace sus apariciones en nuestros ríos el fantástico ataúd, especialmente durante las negras noches invernales. Navegantes hay que mencionan que pasó tan próximo a sus canoas y que pudieron distinguir claramente ambos cadáveres, y que percibieron el zumbido del enjambre de moscas que los acosaban. Sostienen, sobre esto, que los tantos naufragios que se registran en el Daule o Babahoyo son causados por inesperados choques contra el misterioso esquife.

Los mejores informados dicen que hay una noche, la del 25 de febrero, aniversario del romántico suceso, en que, a golpe de doce, pierde su virtud por algunos minutos y se mantiene quieto sobre la superficie del agua, durante los cuales cualquier hombre resuelto se puede apoderar de esta valiosa reliquia, digna de figurar en nuestro naciente Museo Municipal.

Y... pajarito sin cola.
¡Mamola..., mamola![130]

....

[130] «¡Mira, un pajarito sin cola!». «¡Mamola, mamola, mamola!». Juego en el que una persona engaña a un niño para que alce su cabeza y busque con su mirada a un pajarito sin cola; al caer el niño en la mentira, este sufre un ataque de cosquillas en la garganta. Según la Real Academia, la palabra *mamola* proviene del árabe, que significa «cosa que se sufre a la fuerza». El actual significado de esta locución verbal es poner la mano debajo de la barbilla de alguien para acariciarlo o burlarse de él.

PACTO CON EL DIABLO

J. Gabriel Pino Roca

Conforme a lo que expresa y determina claramente el venerable código de «Leyes para la gobernación espiritual de las Indias»[131] —que expidió la majestad de don Felipe II de las Españas, para que rigiesen y se cumpliesen fielmente, *so pena de la sua merced*, en estos remotos señoríos de las Américas—, no abrigo la menor duda de que prueba palpable de esto es lo sucedido aquí, en nuestra buena ciudad de Santiago de Guayaquil.

Allá por los años de 1640, en que el mercader Clemente Guerrero se tornó, de la noche a la mañana, de sencillo y honrado en astuto y vengativo, y vendió su alma al Maligno, a trueque de su ayuda para perder irremediablemente a Salomón Estoque, su rival en el gremio y en los amores de una enloquecedora cholita morreña, por quien más de un prójimo se bebía los vientos[132] en

[131] «Dios que seso de home non puede entender ni hablar del cumplidamente, y que es comienzo de todas las cosas espirituales y temporales, también de las que parecen como las que no parecen, las hizo todas buenas en sí; mas cayeron algunas en hierro, las unas por sí, assí como el diablo, y las otras por consejo de otrí, assí como el home, que pecó por consejo del diablo».

[132] Desear con ansias.

aquella época. De esta mi afirmación, da fe completa la última parte (unas 46 hojas) del que debió ser voluminoso proceso, retazo de que, con algunos otros papeles viejos, me hizo obsequio hace poco una chiquilla guayaquileña —¡y tan guayaquileña!— entusiasta lectora de mis necedades tradicionales, sin que al ponerlos en mis manos pudiera decirme otra cosa que ellos eran parte de un antiguo archivo que había venido transmitiéndose entre los miembros de su antigua familia, uno de cuyos antepasados, según había oído contar, fue abogado en tiempo de los españoles. De la paciente lectura de los mismos, sale este sustancioso plato, para regalo de culinaria espiritual, en el viejo solar guayaquileño.

***

Pulpería grande y bien surtida tenía en Ciudadvieja de Guayaquil, al correr del siglo XVII, y de la Calle del Tigre el jovial mercader murciano Salomón Estoque. Por más de tres años se hallaba radicado en el puerto, en que, dejando en la Península mujer e hijo, al cuidado de sus parientes, viniera por estas bienaventuradas tierras de América, en logro de rápida fortuna. Y por *venir también muy al pelo*[133], cabe consignar aquí el triste origen del nombre de esta calle —que fatalmente no puedo localizar—, que no es otro que el de haber sido asaltada, cuando apenas empezaba a alzarse la fundación española, por un tigre hambriento que saliera de la cercana montañuela y acometiera sorpresivamente en la villa a una menor de cinco años, hija de doña

[133] Expresión coloquial que denota «a propósito» o «que viene muy bien en ese momento».

María de Carranza, quien, por descuido de sus mayores, había bajado inadvertidamente de su casa y se entretenía jugando en los alrededores. Declaro formalmente que hay documento que da cuenta de este desgraciado suceso, con pelos y señales.

Pero volvamos a lo principal, es decir, a nuestro pulpero Estoque, y digamos que había bautizado su establecimiento con el sugestivo nombre de La torre de Babel, el que figuraba pintado con caracteres grandes y negros, sobre un tablero que coronaba la puerta principal de entrada. Lógico es suponer que con tal título se quería dar a entender que allí se encontraban y confundían, para ofrecerse al público, todos los frutos de la tierra, con los que llegaban de afuera para el consumo.

En mayor beneficio del negocio, era el murciano ladino[134] y dicharachero, poseía el secreto de granjearse la voluntad de quienes le trataban y se mostraba grandemente servicial para con las autoridades y vecinos de distinción. Por estos medios, con verdadera intuición italiana para el teje y maneje del ramo de pulpería y dos años largos de privaciones de todo género, en el afán de crearse un *capitalito*, había entrado en el tercero con una decente *fortunita*, consistente en apreciable número de relucientes onzas, con la efigie de los Austria[135], las que guardaba, cauteloso, en bolsas de cuero cuyas bocas amordazaban sólidos candados de hierro.

Don Salomón, habiendo advertido de pronto que era justo también en compensación a las pasadas estrecheces y rudas faenas dar ciertas satisfacciones a los sentidos —

[134] Astuto y de habla fácil.
[135] La onza era un tipo de moneda. En aquella época, reinaba en España un heredero de la familia Habsburgo, que provenía de Austria.

lo que es legal y justo cuando se tiene cómo hacerlo sin comprometer la gallinita de los huevos de oro—, se echó a vestir con buenas ropas, a gustar de potajes sustanciosos, rociados con vino de buen beber, y a procurarse los favores de alguna *fembra*[136] placentera, todo ello, desde luego, con el debido recato social. Aprovechaba los días festivos en que permanecía cerrada su pulpería para estrechar camaraderías con la mejor gente de su esfera: maestros mayores de oficio, pilotos y contramaestres de los barcos del rey, o de particulares: sastres y zapateros del señorío, caciques, dueños de pequeñas fincas, mayordomos de grandes terratenientes, o de encomenderos; en fin, lo que hoy se diría la burguesía de ese entonces, sumisa y respetuosa del rey de la ley, y reñida con toda fiesta en que hubiera husmeo de intervención por parte de alguaciles y corchetes[137].

Hecha la presentación de Estoque y conocida la vida y el trato que se daba en los días que de él nos ocupamos, vengamos a saber quién era Clemente Guerrero y cuáles fueron las causas de que se pusiera en puntas[138] con su paisano, el de Murcia. Declara Guerrero, en una de las piezas del juicio, que era oriundo de la villa de Berlanga, en la provincia de Badajoz, diócesis de León. Concuerdan siete testigos que actúan en el enredijo[139] que era «sujeto de conducta ejemplar, caritativo, sabedor de la doctrina cristiana, cumplidor de los preceptos de la Santa Madre Iglesia, y enemigo declarado de toda clase de juegos y diversiones, cerrando

---

136 Hembra.

137 Ministro inferior de justicia, encargado de prender a los delincuentes. Es un sustantivo que se encuentra en desuso puesto que dicho puesto ya no existe como tal.

138 Tener diferencias. En este caso, obviamente, ya la cuestión es más fuerte que unas desavenencias, sino que rige la envidia de Clemente Guerrero hacia su paisano.

139 Enredo.

puntualmente su tienda, a la hora que se tocaba la campana de apagafuego, en que iba a dormir con su mujer, con la que siempre había cohabitado». Copio textualmente y pongo a disposición de quien se permita dudarlo el retazo del célebre proceso de que me valgo, y en que están escritas estas palabras; ni una más, ni una menos.

El Guerrero —y así he de llamarlo en adelante, porque luego veremos que tuvo mucho de su apellido, y muy poco de su nombre— tenía su pequeña pulpería en la esquina opuesta al costado izquierdo de la iglesia de Santo Domingo, con frente a la plaza, y en una covacha perteneciente al capitán Sebastián Rodríguez, alcalde ordinario de Cabildo, construcción que iniciaba la callejuela, denominada del Cacique por alzarse en la misma, y a corta distancia de la primera, una espaciosa casa de madera, cubierta de teja, especie de mansión solariega de la familia indígena Coyche, cuyos cercanos antepasados habían sido señores de la tribu de los Colonche cuando llegaron a la tierra los conquistadores hispanos. Los miembros de esta estirpe fueron los primeros en meterse bajo las banderas del rey de España, jurándole obediencia y fidelidad, siendo señalados los servicios que prestaron a la Corona para la pronta y definitiva pacificación de las tribus alzadas, entre las que gozaban de gran ascendiente, y contribuyendo a la estabilidad de la fundación de Santiago de Guayaquil, que pusiera por obra el capitán extremeño[140] Francisco de Orellana. En premio a esta conducta, el monarca había agraciado al jefe de esta familia con ciertos privilegios y franquicias, extensivos a sus inmediatos sucesores, por línea de varón, por medio de una real cédula, expedida en El Prado el 8 de noviembre de 1595, y en la cual se le reconocía la posesión y perpetuo do-

[140] Persona que viene de la región de Extremadura, en España.

minio sobre una vasta extensión de terreno en las vecindades de El Morro. Con el tiempo, en este terreno se levantó una buena hacienda de ganado, piaras de cerdos y chacras de hortalizas y granos, con cuyo producto vivían los suyos cómodamente. Posteriormente, adquirieron un solar en la ciudad y levantaron la casa que aludimos, y la que diera, por la mejor de ella, nombre a la calle en que, como hemos visto, estaba ubicada la pequeña pulpería del inclemente Guerrero. Durante los días de la Conquista, varias hembras de los Coyche habían engendrado de aquellos recios soldados españoles, que con audacia incomparable vinieron desde tan lejos a someter a su gobierno a las hermosas tierras que descubrían. Del amoroso abrazo entre dos razas, que hasta entonces se habían desconocido y nunca cruzado, de la mezcla de esas dos sangres generosas y ardientes surgió la nueva e interesante casta chola, que perdura y predomina en nuestras Américas.

***

Barrunto[141] que al Guerrero de nuestro cuento, a pesar de la pintura que de él hacen los testigos que en el juicio deponen en su abono, pudo habérsele tarareado al paso por la puerta de su pulpería: «Si la envidia fuera tiña, ¡qué de tiñosos no hubiera!».

Y digo esto porque entre las múltiples acusaciones que el mercader de Badajoz presenta en un pliego adjunto a la denuncia, hecha con fecha 27 de mayo de 1640 al corregidor[142] de la ciudad, y al familiar del Santo

[141] Suponer.

[142] Gobernante que designaba el rey para ciertos territorios. El corregidor era la máxima autoridad y se encargaba del gobierno y de los asuntos judiciales.

Oficio[143] en ella, contra el feliz don Salomón hay cosillas de esta índole: «... con grave escándalo y daño de este vecindario, es él solo quien expende la leche que viene a la ciudad, y la tiene apalabrada, y sale a marcarla a las entradas de ella», y, en otro lugar: «... el único que vende vino, aceite, vinagre y cera de Castilla, les pone precio de su voluntad y capricho, encareciendo estos renglones, para desventaja de los consumidores».

Tenemos, pues, que admitir que el competidor de Salomón Estoque venía tragando grueso, bajo una aparente capa de disimulo, consciente de cómo a su dichoso rival le llegaba la fortuna que a él se le mostraba tan esquiva.

Amargado, se quejó un día de su desventura al guardián de los buenos padres franciscanos, reverendo Hermógenes Pérez de Orcolaga, dejándole entrever un cierto resquemor de celos hacia su cócora[144], y desde entonces se le subió más la mostaza a las narices[145], porque el buen fraile le aconsejó conformidad, cantándole la antífona de que «a quien Dios se la dé, san Pedro se la bendiga».

Alicaído, se separó del guardián franciscano el quejumbroso mentecato, mascullando:

—Alcornoque de fraile, bueno estoy yo para resignaciones con el maldito murcio que no me deja levantar cabeza.

Amargado vivía pues en Guayaquil el pulpero badajocense, pudriéndose las entrañas con los vientos

....

143 El Santo Oficio era el Tribunal de la Inquisición. El familiar era el magistrado encargado de presenciar e intervenir en los juicios contra aquellos que se habían salido de las leyes de la Iglesia.

144 Persona que molesta.

145 Irritarse. Se sabe que la mostaza es una sustancia que sube el ánimo y que estimula el organismo. ¿Qué sucede cuando esto se da en exceso?

prósperos que le soplaban al hijo de la huerta murciana, cuando un nuevo y poderoso motivo —¡y qué motivo!— vino a hacer que se le colmasen las medidas y que se pusiese a buscar, resueltamente, un medio seguro para labrar la ruina de este, haciéndole sentir el peso de su tremenda venganza. Obstinadas fueron desde entonces sus cavilaciones, largos sus desvelos; pero, como de escasa mollera no brotara el pan apetecido, dándose al diablo, se puso a llamarlo en su auxilio con todas las fuerzas espirituales de que se sentía capaz. El caso inaudito era que Estoque, no contento con defraudarlo de todo negocio, con quitarle todos los parroquianos y no dejarle campo para amasar una punta, a toda hora del día como de la noche se le presentaba, también ahora, decidido y amenazante para disputarle el amor de una incitante cholita que le tenía sorbido el seso, y echándole a perder el poco juicio que le quedaba.

***

Una buena parte de la numerosa familia venía desde sus campos para pasar los inviernos con mayores comodidades y menos rigores a la casa de los Coyche, y por el tiempo en que se desarrolla nuestro relato, lo hacía invariablemente, medio achacoso ya, el viejo Estanislao, patriarca de la misma, a quien acompañaban dos o tres de sus hijas, casadas y con prole, y su nieta Natividad, que abría y desplegaba sus encantos de mujer al soplo ardiente de las quince primaveras. Era la mocita fruto y recuerdo de un lejano devaneo entre la mayor de las muchas guapas hembras, que en su larga y sólida vida engendrara el Coyche que venimos de nombrar, y un chapetón que vino por acá con intención de establecerse en la región, pero que luego siguió adelante en busca de nuevas aventuras. Como la madre muriera, dejándola de tres años, el acomodado abuelo la había recogido y criado en su casa con todo mimo y regalo, al cuidado de sus otras hijas. ¡Y cómo no habría de hacerlo!, cuando él se sentía ufano y se jactaba públicamente de que por las venas de su gente corría sangre de conquistadores españoles, y declaraba con todo desenfado que, por enriquecerla en sus sucesores, no opondría reparo alguno, y antes bien lo vería con agrado, si sus hijas y nietas llegaran a concebir de varón peninsular. Aquello de que el marido, que para el efecto les viniera en ganas de buscar, fuese autorizado por el cura o solo por la madre naturaleza era para él asunto de secundaria importancia, con tal que el sujeto no fuera un desvergonzado. No señor; todo había de ser con el pudor y el recato debidos, para hacer honor a la cédula real escrita en pergamino y en que el monarca había trazado su augusta rúbrica por dar fe y dejar constancia en el futuro de los orígenes, méritos y servicios de su honorable familia.

Y era por ese tiempo la cholita Natividad lo que los mozos desvergonzados de ogaño llamarían un *bocatto di cardinale*[146]. Su larga y abundante cabellera tenía el color y el lustre del azabache; su piel, que dejaba adivinar la suavidad del terciopelo y se mostraba por donde fuese visible, parejamente teñida de un tinte canela ligeramente arrebatado, hería el olfato de quienes se le acercaban con un perfume singular en que había aroma de almizcle; unos ojos grandes, rasgados y guarnecidos de largas y pobladas pestañas, ojos que eran dos tempesta-

[146] Traducción literal: bocado de cardenal. Se dice que, en el seno eclesiástico, los cardenales comen, o comían en tiempos más lujosos, con gran suntuosidad y los platos que cataban eran deliciosos. Un bocado de cardenal es algo que vale la pena probar por su finura y delicia.

des deshechas; y la nariz, de distinguido corte, mantenía las ovaladas fosas nasales en perpetua agitación. Por entre los labios sensuales de su pequeña boca, que tenían el rojo de la cereza, asomaban dientes grandes, de un bello marfilino, y todas las carnes de su bien medido cuerpo eran apretadas y duras. Bajo el cuello flexible y torneado con perfección se mantenían eréctiles e incitantes sus dos menudos senos, de incomparable hechura. Sus pies eran bien proporcionados, su andar ligero y nervioso, sus gestos y ademanes vivaces y desenvueltos, su risa franca y oportuna, su lenguaje fácil y con dejo de picardía. ¡Era la cálida carne de una rebelde cacica, grávida del alma de Andalucía!

***

Cuando la apetitosa cholita Natividad alcanzó la sazón que vengo de presentarla, no hubo quien del otro sexo la viera, que no quedase patidifuso, echando la baba y con la papilla cerebral ida a los calcañares[147], poniéndose a darle, en adelante, vuelos y revuelos, arrastrando el ala; unos con santa intención, y otros, con intención no santa. Sin embargo, la picarona se las conocía muy bien a unos y a otros, y les cortaba a tiempo los vuelos, sin darles lugar para lo que de *aquí te cojo, y aquí te mato*. No era para ellos, y así se los decía presto entre burlas y veras. No; hasta allí no se le ponía por delante el mortal afortunado a quien habría de darle las primicias de sus encantos de mujer.

Pero llegó, aunque no sepamos cómo fue lo de caerle en gracia, ya que en el curso del proceso solo se

[147] Parte posterior del pie.

alude a estas íntimas relaciones como hecho cumplido. No fue otro en servirse del sabroso potaje que el ladino y feliz Salomón Estoque, con terrible desengaño y desesperación sin límites por parte del archidesventurado Clemente Guerrero. Al cerciorarse de que la hipócrita parejita andaba ya en mayores, al amparo de la teoría del estúpido abuelo Estanislao, el majadero de Badajoz alzó el campo precipitadamente por no continuar en el ridículo, mas lo hizo destilando veneno y jurándose que esta incalificable infamia tendría su merecido y tremendo castigo. Fue entonces cuando, desconfiado de su mollera, y siempre temeroso de la buena estrella de su abominable rival, se puso a invocar a Satanás con toda el alma, para que le proporcionara la receta infernal de que había tanta urgencia.

El diablo no se hace llamar mucho cuando le llaman con ganas; y una noche, después que el gallo cantó las doce y las hubo chirriado la lechuza, horas que sorprendieron en vela al poseído Guerrero, renegado, maldiciendo y mesándose los cabellos a la luz mortecina de un candil, encerrado en un cuartucho anexo a su pulpería que le servía de dormitorio, oyó de pronto junto a él una voz grave y cavernosa que decía:

—No alborotes... ¡Heme aquí!

El pulpero badajocense alzó la vista y miró sin arredrarse[148] al ilustre personaje que se le aparecía, sentado sobre un banquillo frente al que ocupaba. Vestía Su Majestad Infernal el traje clásico de los cartularios[149] de la época, llevaba a horcajadas sobre sus rojas y velludas narices gafas negras y cuadradas, y traía recién

....

[148] Atemorizarse.

[149] Escribano o notario, en cuyo poder se encuentran escrituras legales.

tajada pluma negra de ganso tras la suya puntiaguda oreja derecha.

—Mercachifle insípido, que *te andas con la ventura de la barca, la mocedad trabajada y la vejez quemada*, estampa, firma y rubrica al pie de ese pagarecito, a vender el día que el Otro te saque el alma del almario. A cambio, te daré a esgrimir un arma con la cual dejarás a tu mísero enemigo sin soga y sin cabra, es decir, que podrás volarle la buena pulpería y soplarle la real mocita causa de tus congojas. No te andes con remilgos que estoy de prisa, pues es mucho lo que tengo por hacer en el resto de la noche.

Oída la oferta tentadora por el envenenado Guerrero, tomó el pergamino y la pluma que el falso cartulario le tendía y, decidido y rápido, suscribió sin pestañear el pacto de su condenación. Luego que el Roñoso se lo hubo guardado bajo el jubón, invitó a su víctima a que tomara asiento frente a una mesita en que había recado de escribir, murmurando:

—Ahora, mi señor don Clemente, escriba Ud. con toda gravedad lo que voy a dictarle, que es cosa de códigos, en cuya confección vengo interviniendo e intervendré hasta la consumación de los siglos —y el Maldito, puesto de pie al lado del empecatado[150], le dictó la siguiente denuncia que, en papel del rey, está escrita de puño y letra de Guerrero, y cosida al juicio de mi referencia; importante documento que reproduzco íntegro, para que vean mis lectores cómo se ajusta a la verdad histórica esta mi narración:

....

[150] Persona a quien le salen mal las cosas. También connota aquello que ha sido dejado de la mano de Dios lo que aquí se ajusta perfectamente, porque Guerrero no conoce otra salida.

Magníficos señores Corregidor y Comisario del Santo Oficio.
Muy altos y poderosos señores:

Clemente Guerrero, de la villa de Berlanga en la provincia de Badajoz, de los reinos y señoríos de España, y vecino honrado de esta ciudad, cuya defensa material y espiritual vos ha encargado su majestad, a quien Dios guarde por muchos años, para aumento de la fe y de sus reales dominios. Ante vuesas mercedes, rendidamente, comparezco y digo, por medio este memorial, que creo y confieso en Dios todopoderoso, creador de los Cielos y de la Tierra, en el sumo pontífice apostólico, su verdadero vicario, a quien todo hombre debe reconocer, amar, alabar, servir y temer; y en el Santo Evangelio y enseñanzas de nuestra santa madre Iglesia católica, en cuya fe vivo y protesto morir; y en lo que ordena y dispone el Santo Oficio contra la herética pravedad[151] y apostasía[152], en lo que está mandado guardar y cumplir en las leyes para la gobernación espiritual y temporal de las Indias. Y, porque es cosa notoria que se halla en esta tierra por cerca de cinco años ejerciendo el oficio de mercader, Salomón Estoque, que tiene mujer e hijo en España, sin hacer intención de traerlos, y ya ha pasado el tiempo en que está mandado hacerlo, es —por lo que parece de su nombre— de la maldita raza de los judíos que crucificaron a nuestro señor Jesucristo, que están prohibidos y penados de pasar a establecerse en estas Indias, hago, en nombre del Padre, Hijo y Espíritu Santo, tres

[151] Costumbre corrupta.
[152] Negación de la doctrina.

personas y una cosa simple, sin departimiento, formal denuncia a sus señorías para que se le aplique la conformidad de la letra escrita del artículo XXIII, título III, de las Leyes de Indias, expedidas por la sacra, real y católica majestad del rey don Felipe Segundo, de gloriosa memoria, que reza: «Por cuanto de acuerdo con el breve[153] de su santidad el papa Pío V dado *sub anullo piscatoris*[154] en 20 de junio del año pasado de mil quinientos sesenta y seis, se han dado muchas cédulas y provisiones para que los casados que estén en Indias, teniendo sus mujeres fuera de ellas, vayan a cohabitar y hacer vida maridable con ellas o las lleven a vivir a cohabitar consigo. No obstante, muchos en deservicio de Dios nuestro señor y perjuicio de sus ánimas, están absentes de sus mujeres; por lo tanto, queremos y mandamos que los casados o desposados por palabras de presente, que estuvieren en el estado de las Indias, teniendo sus mujeres o esposas en estos reinos de España, no pueden ser proveídos en el estado de las Indias en oficio público ni en repartimiento, hasta tanto que hayan llevado a sus mujeres y cohabiten con ellas. Además de esto, nuestras justicias compelan a los casados que estuvieron absentes de sus mujeres que las lleven a su cohabitación o vayan a cohabitar con ellas, ejecutando en ellos la pena susodicha, y agravando y reagravando otras que les pareciera, hasta que lo cumplan, en lo cual pongan mucha diligencia, y los prelados y jueces procedan por censuras contra los tales casados que estuvieren absentes de sus

[153] Breve apostólico: documento emitido por el papa con menor importancia que la bula o la encíclica.

[154] Anillo de pescador. Recuerda que el primer papa fue Pedro, discípulo de Jesús, y este fue, antes, un humilde pescador.

mujeres hasta invocación del brazo seglar[155]. Sobre lo cual a los unos y los otros encargamos las conciencias y mandamos que nuestros virreyes, audiencias y gobernadores no puedan dar licencia a los casados para estar sin sus mujeres. Pero bien permitimos que los mercaderes, conforme a nuestras ordenanzas, puedan pasar a las Indias y puedan estar en ellas sin sus mujeres **por espacio de tres años; si no las llevasen dentro del plazo, las mercaderías sean para quien los denunciase**, y esto cumpla, a pedimento de parte todas las nuestras justicias, so pena de la mía merced. Otro sí digo, que sus mercedes tomarán a su parecer de las mercaderías confiscadas lo que tuvieren a bien para auxilio y regalo de los menesterosos del hospital y la cárcel, y he de dar buena parte del vino, del aceite y de la cera que se encontrara para el consumo de la iglesia de mi padre santo Domingo.

Santiago de Guayaquil, mayo 27 de 1640.
Clemente Guerrero

Llegado este diabólico parte a manos del señor corregidor de la ciudad y su jurisdicción, maese don Juan de Hinojosa Chávez, cruzado en la real y militar Orden de Santiago, sostuvo larga y secreta conferencia con el presbítero Fernando de Saavedra, vicario de Guayaquil y comisario delegado del Santo Tribunal de la Inquisición, con asiento en la ciudad de Lima, como consecuencia de lo cual se produjo aquel mismo día una nueva y más numerosa reunión, con carácter de impenetrable, a la que concurrieron por cita especial de vicario inquisidor: fray

155 En el antiguo derecho, tribunales ordinarios de justicia.

Bernardo de Quiroz, provincial de los dominicos; fray Joan de la Coba, prior de los agustinos; fray Hermógenes Pérez de Orcolaga, guardián de los franciscanos; como también don Antonio de Castro y Guzmán, alcalde de la Santa Hermandad, a ruego del corregidor.

Conocido el grave motivo de la reunión y cambiados y discutidos unos y otros pareceres, se convino en que fray Bernardo de Quiroz, «en atención al celo demostrado en todo tiempo y lugar por su benemérita orden en la persecución de herejes, renegados judíos, endemoniados y brujos, y por ser ella la milicia predilecta de la benéfica y humanitaria institución del santo oficio», procediera, en forma rápida y confesional, a oír a los testigos que a bien tuviera y a presentar, según su reconocida sabiduría, la sentencia que a bien tuviere, conforme a las leyes de Indias, la que sería aprobada y ejecutada en el preciso término de 24 horas, en que volverían a reunirse, cautelosamente, los presentes.

El dominico —¡era de esperarse!— se desempeñó a las mil maravillas y con todo el fervor. Al siguiente día y a la hora convenida, tornaron a congregarse en la casa habitación del señor corregidor todos los actores en este amasijo, con excepción del buen franciscano, quien se excusó de seguir actuando, ya «por causa de repentina indisposición que le obliga a guardar cama», ya «porque su humilde parecer ni quitaba ni ponía valor a la sabia resolución que se adoptase». Alma noble la de este Pérez de Orcolaga, y fiel servidor de la doctrina de su excelso Maestro de Asís.

El discípulo del exaltado hijo famoso de Calahorra se las ingenió de tal modo que hizo declarar bajo juramento, aunque con promesa de guardar sigilo ante el público, a nueve testigos hábiles «vecinos honrados de la ciudad, viejos cristianos y de reconocida piedad», todos acordes en afirmar que Salomón Estoque era casado en el reino de España, como él mismo lo decía sin reserva alguna, con hijo de corta edad; y haberle conocido en esta ciudad por más tiempo de cuatro años, sin ausentarse de ella ni traer a su mujer; y, antes, estar entretenido con una de las hijas del cacique Coyche; y encarecer las mercaderías, por mercar los abastecimientos en las afueras del poblado; y rociar el vino con agua, por sacar más de su producto; y tener nombre israelita; e ir a la iglesia, como lo tienen entendido por sarcasmo o quizá por no hacerse sospechoso al Santo Oficio; y venirles a la memoria que alguna vez lo vieron con camisa nueva y limpia, en día sábado, que según entienden ahora, es señal de hereje judaizante, como lo enseña el bienaventurado tribunal de la Inquisición. Estos caritativos prójimos eran: Julio Ronquillo, curtidor; Pedro González, carpintero; José Figueroa, herrero; Domingo Galbán, sacristán de Santo Domingo; Francisco Muñoz, piloto de un barco del capitán Diego de Orozco; Blas Latino, tejedor; Vicente Díaz, pregonero; Juan Salvador, portero del Cabildo y Vicente Laredo, carnicero.

Examinadas prolijamente estas «pruebas condenatorias», quedaron los severos jueces plenamente convencidos de los graves delitos de que era culpable el ruin pulpero Salomón Estoque, quien había venido engañando vilmente, por tanto tiempo, al noble vecindario de Guayaquil; y como el señor corregidor tuviera fresco en la memoria el recuerdo que, por reciente carta exhortatoria, había hecho al ilustre cabildo don Pedro de Toledo y Leiva —marqués de Mancera, señor de las Cinco Villas y su jurisdicción, comendador de Esparragal en la Orden de Alcántara, gentilhombre de la Cámara de su majestad, de su Concejo de Guerra, y virrey y lugarteniente, gobernador y capitán general en los reinos y provincias del Perú, Tierra Firme y Chile, etc.—, para que, bajo el real desagrado y penas severísimas, se cumpliesen en adelante al pie de la letra las disposiciones de las Leyes de Indias.

Quedó resuelto que, sin más trámite y ninguna explicación, el alguacil mayor hiciese prender al criminal Estoque y lo traslade al presidio de Portobelo, que se «le hiciera echar cadenas y se lo entregara abordo, con carta explicativa —que escribiría el señor corregidor— al castellano de la nombrada fortaleza, enterándolo del caso, para que este lo hiciere cohabitar con su mujer propia»; y que se le cierre la pulpería, y las mercaderías sean entregadas a Clemente Guerrero, su denunciador, para que cumpla con lo que tiene prometido, y se avise también al Santo Oficio de Sevilla de las fundadas sospechas que hay de que este sujeto pueda ser hereje judaizante.

La estúpida y bárbara sentencia se cumplió al pie de la letra, con gran sorpresa y alboroto del vecindario, por la forma inesperada y aparatosa con que se la llevó a cabo, sin permitir al aterrado Estoque decir oste ni moste[156], ignorante del motivo por el cual se le arrebataba violentamente el fruto de su honrado trabajo, y el derecho a las dulces caricias de la bella cholita Coyche. Nunca supo el mísero que había sido víctima de una receta infernal, por la cual vendió su alma al diablo el miserable Guerrero, su paisano, por satisfacer la inhumana venganza que le inspiraban sus triunfos en el amor al oficio y en el oficio del amor.

....

[156] Sin decir nada.

EL SERMÓN DEL PADRE JACINTO

J. Gabriel Pino Roca

I

No hay guayaquileño, curioso de las cosas de casa, que no sepa quién fue el padre Jacinto Morán de Butrón; mas, porque voy a ocuparme de su persona, hace el caso el repetir datos biográficos que ya se escribieron, sacando a luz otros que duermen entre las páginas de vetusto cronicón conventual.

La familia Morán de Butrón es tan antigua en Guayaquil como las paredes de Santo Domingo y los hoy restaurados muros de la Planchada. Oriunda del concejo de Jijón, en el principado de Asturias, remonta sus orígenes a los heroicos tiempos de Pelayo. En premio de gloriosas hazañas y de eterna fidelidad a su causa, le concedieron los reyes castellanos, con otras mercedes, el siguiente blasón: escudo de azur[157] y cinco puntas de lanza, altas, puestas en sautor[158].

....

[157] Azul oscuro, en pintura. En grabado, se representa con gruesas líneas horizontales. Es un término propio de la heráldica.
[158] Una tercera parte de un escudo, donde se aprecia una composición de barras y una banda.

El primer Morán de Butrón de que hacen mención las crónicas de la ciudad es el capitán Andrés, fundador de la rama guayaquileña, quien tuvo por esposa a doña Jerónima Ponce de León y Díaz Bravo, dama de muchas virtudes, lugareña de Carrión de los Condes. Gozó este personaje, en sus días, de gran prestigio en la localidad y de no pocas doblas[159] que se doblaron al emprender viaje al otro barrio su pariente, el regidor Antonio de Navarrete, instituyéndole heredero universal de sus cuantiosos bienes en el corregimiento. Ejerció durante muchos años los delicadísimos cargos de justicia mayor y notario del Santo Oficio; contribuyó poderosamente a la importación de los jesuitas, para cuyo decente establecimiento obsequió 200 cabezas de ganado de sus campos de Daule y Baba, dio oídos y alivio a los necesitados, y obró milagros de heroísmo en ocasiones de piratas e incendios. Vivió una vida ejemplar, fiel a su Dios, a su patria y a su rey, y, al morir, legó a Guayaquil numerosa cuanto lucida familia, de la que sobresalieron más tarde el general Agustín, el capitán Jacinto, don Nicolás y don José Morán de Butrón y Ponce de León.

El primero mereció ser nombrado sustituto del corregidor Juan de Sosaya (1701-1704), llegando a captarse a tal extremo la confianza de este personaje que, al ser promovido a la presidencia de Quito, y vacando la gobernación de Guayaquil, por muerte del general Francisco Bravo de Laguna, le nombró justicia mayor y teniente de capitán general de la provincia, cargos que desempeñó a satisfacción de todos hasta el 20 de agosto de 1708. El capitán Jacinto Morán y Ponce de León fue por muchos años procurador general e introdujo algunas mejoras en

[159] Moneda de Castilla, de oro, que no tenía un peso y valor definidos.

el servicio local. Amigo de los jesuitas, empleó parte de las propias rentas en la ornamentación de la capilla que poseían, y, propuesto a prestigiar esta orden, consiguió que el cabildo construyese en ella lujoso altar dedicado a san Francisco Javier, apóstol de las Indias, y que se le tomase por abogado de las armas y se le decretase pomposa fiesta anual; todo lo que consta de acta de agosto 21 de 1688. Este don Jacinto es el progenitor del jesuita guayaquileño de quien vamos a ocuparnos.

José y Nicolás sirvieron al país con toda actividad y lucimiento.

El padre Jacinto tuvo un hermano mayor que respondía también al nombre de José, padre de otro José, a quien para distinguirlo del autor de sus días le decían los contemporáneos «Morán, el mozo». Uno de los descendientes de este último, llamado Antonio, sostuvo ruidosa litis[160] con el Ayuntamiento por una faja de terreno sobre la que alegaban derechos ambas partes. La resolución de los tribunales favoreció al primero, y ella nos hace saber que don Antonio era legítimo e indiscutible dueño de «todas las tierras que quedan detrás del cerro de la ciudad vieja hasta el estero del rincón del Guabo, con el río Daule al frente; y desde dicho cerro del Guabo, atravesando los cerros de la Palma, hasta dar a los Cerros Azules del camino del Chongón, y por las espaldas, siguiendo la misma cordillera hasta dar con la punta del Cerro Azul grande, camino de Chongón, y de allí, por travesía, hasta dar a los cerros de Guayaquil». Dentro de estos linderos se encuentra hoy ubicada la hacienda Atarazana, propiedad de la Beneficencia Municipal.

[160] Pleito.

Dionisio y Fernando Morán de Butrón pusieron, entre otros vecinos, gran empeño en conseguir la erección del obispado de Guayaquil. Dirigieron varias cartas y memorias suplicatorias a Madrid y a Roma, ofreciendo los medios necesarios para el sustento y boato del prelado, aunque fracasaron en su intento, a causa de la oposición que les hiciera la clerecía cuencana a la majada[161] de cuyo diocesano pertenecían las ovejas guayaquileñas de muy de atrás.

Érase otro Morán de Butrón, el capitán Bernardo, de los ciudadanos más entusiastas que se preocupaban de la fortificación de Guayaquil para defenderla de piratas. Nombrado procurador general en 1776, formuló un proyecto de levantar fondos aplicables a este objeto, el que mereció la real aprobación. Consistía en el impuesto de medio real de cabeza de ganado que se beneficiase en el corregimiento. Hizo un fuerte donativo para la reconstrucción de la Real Aduana, y elaboró varios reglamentos conducentes al aseo y ornato de la población.

Conforme al censo que levantó por orden del cabildo don Santiago Vítores en 1793, los Morán de Butrón poseían ocho casas grandes en los barrios más centrales de la ciudad.

José Morán de Butrón y Castillo, primogénito de don Bernardo, heredó los oficios y empleos de su padre, en cuyo ejercicio le sorprendió la vejez. Sintiéndose imposibilitado para continuarlos, los renunció (1816) en su hijo Juan Francisco Morán y Estrada, el que, convertido poco después a la causa de la Independencia, sirviéndola con desinterés y patriotismo, ocupó repetidas veces la curul municipal.

....

[161] Lugar donde se alberga el ganado. Recuerda que en este contexto, es lícito hablar de un rebaño, por la connotación religiosa de la narración.

Pero retrocedamos al jesuita Morán de Butrón, brote, como queda dicho, del capitán Jacinto. Nacido en 1680, le enviaron sus padres, muy niño, al mejor colegio de los jesuitas en Quito. Bien en breve reveló grandes dotes intelectuales, pasión por el estudio y sólidos fundamentos de la moral, prendas que le granjearon el aprecio de sus superiores. Decidido por la carrera eclesiástica, tomó los hábitos bastante joven, con gran alborozo de los autores de sus días.

A pesar de su corta edad, le fueron confiados delicados cargos en la Compañía; descolló en la oratoria sagrada, y regentó la mejor cátedra de filosofía que hubo en Quito por entonces. Admirador entusiasta de su compatriota, la beata Mariana de Jesús, escribió y publicó la vida de esta venerable virgen en cinco libros, correspondientes a las hojas de la azucena, obra reimpresa en Madrid el año 1854. Cultivó con verdadera afición la historia y es obra suya el *Compendio histórico y estadístico de la provincia de Guayaquil*, impreso en España en 1745, cuyos ejemplares se han hecho tan raros que no existe uno solo en la república, y apenas dos o tres en bibliotecas extranjeras. De este trabajo dice la *Cronología de obras americanas*, escritas por americanos, desde 1567 a 1837, que, de las pertinentes al Reino de Quito, es la única cabal y perfecta, en cuanto a geografía e idioma indiano. ¡Digno elogio a la laboriosidad de nuestro contemporáneo!

Pero el fuerte del padre Jacinto eran los sermones. A mis conciudadanos se les hacía agua la boca cada vez que llegaba correo del exterior, y, en cartas muchas, se hacían lenguas, los de allá arriba, de las bellezas que echaba a volar por esa boca el jesuita guayaquileño. ¡Qué orgullo, mas, al mismo tiempo, qué envidia! Porque el padre Jacinto no daba esperanzas de dejarse oír por acá, y, para mayor pena, no contestaba a los reclamos que se le hacían.

—Cosas de la santa obediencia —decía su mamá, viva aún, anegada en llanto al escuchar las muchas felicitaciones de sus relacionados.

Y la fama del jesuita crecía y crecía en la ciudad, la que no obstante parecía condenada a no escucharlo nunca.

II

Algo de extraordinario ocurría en Guayaquil el 5 de julio de 1719. Los corrillos eran numerosos en cada esquina y debía el tema comentado ser de lo más interesante, al juzgar por la animación de los que hablaban y la atención que prestaban los que oían. ¿De qué se trataba? Pues ni más ni menos que de un notición inesperado que llenaba de júbilo todos los corazones. ¡El padre Jacinto, el célebre predicador, el ilustre conciudadano, estaba para llegar de un momento a otro! ¡Qué tal! Esto se sabía porque, al salir de misa de cuatro, lo contó confidencialmente a dos o tres amigas beatas la feliz madre del jesuita; minutos después, volaba la nueva de boca en boca. En efecto, el padre Jacinto venía a esta ciudad para tomar el primer galeón que zarpase con rumbo a Lima, a donde se dirigía en comisión urgente y reservada: los jesuitas siempre traen algo profundo entre manos cuando viajan.

Llegó por fin a Guayaquil el huésped tan deseado y se albergó bajo el techo paternal, marcada muestra de deferencia que quisieron dar los superiores del convento quiteño a la santa mujer que había dado tan buen soldado a la Compañía. Reinó el bullicio: era un subir y bajar sin fin. Gobernador, cabildantes, oficiales reales, leguleyos, matasanos, frailes, beatas y sacristanes; todos, todos concurrían a dar la bienvenida al célebre jesuita, satisfaciendo curiosidades por tanto tiempo anheladas. El buen padre, sentado en una gran poltrona, los ojos bajos y los brazos cruzados, correspondía casi inconscientemente al sinnúmero de cuestiones que le proponían sus visitantes. ¿Que si recordaba tal o cual incidente de trompos o bolas de cuando era niño? ¿Que si había perdido o no la afición por los tamales y el arroz con leche? ¿Que a qué hora diría la misa?

Pasaban dos días, el galeón no terminaba su carga y, contra lo que esperaban impacientes los guayaquileños, el padre Jacinto no hablaba de predicar, y lo que es más, a cada súplica que para ello se le hacía contestaba invariablemente:

—No han de ganar mucho oyéndome; ni he venido preparado para hacerlo —y cambiaba enseguida de tema.

Los guayaquileños llegaban al colmo de la desesperación. ¡Cómo había de ser eso que, teniéndole alguna vez entre ellos, les fuese a volver las espaldas con desaire manifiesto, sin decirles oste ni moste desde el púlpito! No, esto era imposible; había que hacerlo sermonear. Resueltos a salirse con la suya, diputaron una selecta embajada para pedirle, oficialmente, esta gracia, y lo hicieron de modo que estuviese presente la madre del jesuita, acorde de antemano en que su hijo cediese a los ruegos de sus coterráneos.

—Predícales... predícales, Jacinto, que esto es un cumplimiento del deber que te has impuesto.

—En su conveniencia estaría el que no lo hiciese, madre; pero, ya que tanto lo exigen, sea, y que no se arrepientan, que cada uno se entienda con su conciencia, yo con la mía, y Dios me entiende.

Los delegados volaron escaleras abajo pregonando el triunfo obtenido.

III

Mucho para los deseos, tardó en anochecer el 11 de julio de 1719, día señalado por el padre Jacinto para el apetecido sermón. Desde la tarde se había distribuido la gente convenientemente en el cuerpo central de San Francisco, iglesia que, por ser más amplia, ofrecieron al orador. Las naves quedaron a disposición de los pelafustanes[162]. No cupo el gentío puertas adentro, y hubo de abrirlas de par en par, a fin de que escuchasen los que tuvieron que quedarse en la plaza.

Tan luego como se abrió la mampara de la sacristía para dar paso al jesuita y la comunidad franciscana, que cayó de rodillas frente al público, reinó un silencio de tumba. El padre Jacinto atravesó lentamente el espacio que lo separaba de la cátedra del Espíritu Santo, hizo la ritual genuflexión ante el altar mayor, ascendió, apareció en seguida tras la barandilla, se santiguó devotamente, y rompió el silencio:

—Hermanos míos, en nuestro señor Jesucristo: cediendo a repetidas instancias de distinguidos sujetos de esta villa, a quienes debo consideración y respeto, me dirijo a vosotros para hablaros de nuestra religión bendita, y en beneficio de ella y de vuestras almas. Desengañados quedarán los que esperaron hallar en mi discurso

....

[162] Persona de bajo estrato social o económico. Una denominación peyorativa es esta.

las galas de oratoria con que otros mejor dotados suelen adornar los suyos. No me lo permiten mis escasas luces, ni a ello se aviene mi torpe lengua, que interpreta solamente en frases vulgares la palabra divina y articula, en oración sencilla, alabanzas al Creador. Agréguese a esto la emoción que embarga mis sentidos al mirarme ante tan selecto y numeroso auditorio; considérese que esta es la vez primera que, en calidad de soldado de Cristo, hablo a aquellos que fueron testigos de mi niñez, rodeándome de cuidados y cariños, y entonces, hallaré pronto vuestra benevolencia. Sí, hermanos míos, siempre os tuve presentes en mis pobres oraciones, y no hubo día en que dejase de rogar al Todopoderoso: «Derrama tus bendiciones sobre mi querida Guayaquil». Le encarecía, sobre todo, no permitir que os apartaseis un instante del sendero de la moral cristiana, único que conduce a la felicidad intramundana. Pero mis muchos pecados fueron culpa de que Dios no me escuchara. ¡Con qué dolor os veo poseídos del espíritu maligno! Esta es la razón de haberme negado a predicar con tanta obstinación, pues, en el hablaros como sacerdote cristiano está el revelaros la verdad acerca del estado de vuestras almas. ¡*Veritas super omnia*[163]! ¡La verdad sobre todo, sin ambages, rodeos, perífrasis, mistificaciones ni logomaquias[164] de ningún género! Y, ¡ay, hermanos!, por lo poco que he visto y he observado del vivir vuestro, ¡qué lejos estáis de cumplir con los preceptos de la Iglesia, y qué cerca de perder las delicias eternas! ¡Sí, hermanos míos, esta sociedad es fácil bocado de la maldita serpiente! Con verdadero

....

163 La verdad sobre todo.

164 Discusión en donde se pone énfasis en las palabras y no en su contenido. Viene de dos voces griegas: *lógos*, palabra; y *maquia*, lucha.

horror me he apercibido que hay aquí alguno que, menospreciando el cargo prominente que inviste, lo que le obliga a dar mejor ejemplo de moral, con grave ofensa de Dios y escarnio de su familia, alardea de mantener relaciones pecaminosas con mujer ajena, a pocos pasos de su hogar.

Los oyentes, en cuyo semblante se pintó el asombro desde las primeras palabras del orador, tornaron rápidamente la vista hacia el gobernador —la historia era por demás conocida—, el que, apercibido de la puntería del jesuita, daba vueltas nerviosamente, sobre un dedo, a la cruz de Alcántara[165] que adornaba su pecho, apretando con la otra mano el pomo de la espada. Viéndose blanco de las miradas y objeto de cuchicheos y sonrisitas mal reprimidas, abandonó la iglesia precipitadamente.

El padre Jacinto, para quien pasó desapercibido el incidente, proseguía en su sermón:

—Se cuenta, depositarios de la justicia, que, faltando a juramentos sagrados, la han puesto en pública subasta, y otros Judas venden la ley por treinta onzas.

El sucedido estaba fresco: los alcaldes y alguaciles se abrieron campo hacia la puerta, no sin convencerse de que muchos se codeaban a su paso.

—Pululan las mujeres —continuaba el Ignaciano— que únicamente concurren a los templos por murmurar de ciertas desgraciadas que lucen saya de seda a costa de muchas vergüenzas, y que profanan las casas de Dios, haciendo de ellas lugar de exhibición para atraer incautos.

Las misericordiosas se abrieron campo, a empujones, regaladas al oído picarescamente por los jóvenes

....

[165] Cruz de color rojo, de brazos iguales que terminan en flores de lis. En el centro tiene un peral verde.

con quienes tropezaban. Las murmuradoras de oficio se escabullían por otro lado.

Nuevo ataque:

—No falta miserable que, sin fe en la cólera divina, traicionando la fe empeñada, da fe tranquilamente de lo que no vio ni oyó, y tiene casa y hacienda a trueque de miseria ajena.

El cartulario aludido perdió las gafas en su afán de desaparecer cuanto antes.

Aún faltaba:

—Venden muchos su alma al diablo, vendiendo a sabiendas y públicamente productos del contrato, en que roban al rey y a la ley, y obran de igual manera otros tantos ministros del altar, cayendo en faltas que ya son para que llueva fuego y se convierta esto en segunda Sodoma.

Los mercachifles se fueron en tropel, mezclados con varios frailes que se precipitaban a la calle desde el coro.

Tenía la iglesia una salida reservada y por ella se deslizaron a hurtadillas los últimos prójimos, antes de que el toro se les viniese encima.

—¡Pero a qué seguir! —concluía exaltado el jesuita, sin caer en la cuenta del desbande—. ¡Horrorizaos, criaturas del Señor! ¡Considerad en que solo la misericordia del Altísimo ha podido daros tiempo para arrepentiros! ¡Aprovechad de los pocos días que aún os quedan en este mísero mundo para haceros dignos de la Patria Celestial! Quiera iluminaros la santísima Virgen y hacer proficua[166] la bendición que os imparto, en el nombre del Padre, del Hijo y del Espíritu Santo.

Y el padre Jacinto se inclinó y trazó con la mano,

166 Provechosa.

sobre el aire, el sagrado signo; pero, con sorpresa suya, este solo alcanzó las cabezas rapadas de los frailes franciscanos quienes, por lo bajo, se desternillaban de risa.

***

Ya se comprenderá que el galeón estuvo listo para partir al día siguiente, y que cuando de regreso tocó en Guayaquil, a nadie se le ocurrió el que volviese a predicar el conspicuo[167] orador y coterráneo.

....

167 Ilustre.

LA CANOÍTA FANTASMÁTICA
(LEYENDA DE NUESTROS RÍOS)

Modesto Chávez Franco

Por el 1700 y tantos era tambero[168] en Ojiba, zona actual de la parroquia Montalvo, Babahoyo, el retirado sargento de carabineros don Javier Medrano. Puesto oficial y lucrativo era ese de encargado del Tambo Real, pues, además de la renta de 5000 maravedíes[169], tenía por suyas las entradas naturales del hospedaje y las propinas, el potreraje[170] y custodia de acémilas[171] y equipos, el servicio de esclavos y mitimayos.

Y como la clientela era selecta, pues al Real Tambo no era libre el acceso, sino circunscrito a los funcionarios, jefes y oficiales militares, dignidades eclesiásticas y civiles y caballeros de la Corte, claro es que el menaje[172] y la cocina había de estar paralelas a la delicadeza de los personajes, cuidado de pulcritud que tenía a su cargo la garrida moza tambera doña Isabel, cuyo apellido se engulló la tradición.

....

[168] Posadero.

[169] Antigua moneda española.

[170] Precio fijado por el uso de un potrero ajeno y por el cuidado del animal dentro de él.

[171] Mula.

[172] Conjunto de muebles y accesorios de una casa o local.

Castañeteando la lengua, llegaban hasta Bodegas los que habían comido en el Tambo Real, así eran de sabrosos los guisos de Chabela y de sabroso también su alegre parloteo y picaresca mímica con que indemnizaba a los viajeros del cansancio y la nerviosidad que traían por aquellos horripilantes caminos de las sierras. Era el alma alegre del tambo emplazado en el pobladito más recóndito de la más fragosa de las montañas.

Cuando el diablo o la mala suerte tiene preparada alguna de las tragedias para diversión de su vida sádica a costa de la de nosotros —los pobres mortales abandonados a sus intrigas misteriosas—, va trayendo los personajes al escenario, oportunamente combinados, bajo las aparentes causas que nosotros, ignorantes de la trama y por no saber qué otro nombre darles, las llamamos circunstancias o coincidencias.

El primer personaje que como heraldo entra en escena es un coronel de milicia real, que viaja de la audiencia capital a la costa, en recluta de fieles vasallos para formar tropa con que ir en auxilio de Cartagena, acosada por los ingleses enemigos de España. Y conocedor de la experiencia militar, del valor personal, del conocimiento de gran parte del suelo sudamericano colonizado y del ascendiente simpático que sobre las gentes del territorio entre Riobamba y las Bodegas tenía el real tambero, cuestión fue solo de una hora de charla para decidir al fidelísimo vasallo a seguirlo como ayudante, bajo promesa de solo uno o dos meses de dejación del tambo en las diestrísimas manos de la garrida Chabela, hecha ya al manejo en los frecuentes viajes de su marido; la tentación de un ascenso más en el grado militar de don Javier y, sobre todo, la gratitud de su majestad, era tan importante entonces en la tierra para un fiel vasallo como la gracia de Dios para un fiel cristiano.

Hace, pues, mutis[173] de la escena el sargento Medrano con su coronel y entra a ocupar su sitio en el mostrador la mesonera.

Acto segundo: Han pasado cuatro meses y el mesonero no vuelve. Uno que otro recluta de regreso informa que está en Cartagena; otro, que no lo ha visto; otro, que oyó que se había ido a España a recibir la recompensa de las reales manos en la merced de una tenencia de corregimiento; otro, que lo había visto mal herido en el ataque pirático, y otro, en fin, que lo dejaba muy establecido, gordo, rejuvenecido y pimpante con otra señora viuda, cuya rica hacienda y honor quedaba administrando. Un caos eran los deficientes y difíciles medios comunicativos de entonces.

Si este laberinto hizo despertar la alimaña inquieta que cada mujer tiene amodorrada en la estufa de su poliandria atávica[174], o si ella, en la soledad mala consejera y en medio de una naturaleza que de por sí era un vaho de lujuria saturada por su exuberante fecundidad, había dado lugar y a sus oídos durante el entreacto para percibir las notas del canto del amor clandestino entre algarabía de los trinos de las aves de sus bosques, es secreto que a voces nos lo dirá el coro de los vecinos, número infaltable de estas tragedias.

El coro confirma las sospechas. La zaragatera[175] y coquetuela tambera, a quien la naturaleza de su negocio había desarrollado sus dotes naturales de insinuación y simpatía, había resistido triunfadora más de un audaz

....

173 Retirarse el actor de la escena o irse de otro sitio.

174 La palabra poliandria designa a una mujer que tiene dos o más maridos. Lo atávico, por su parte, corresponde a la tendencia que tiene una persona hacia algo. Es decir, este término compuesto quiere decir que Chabela tenía en sí la tendencia a recibir a más de un hombre, aunque hasta ese momento lo haya ignorado ella misma.

175 Que le gusta el bullicio.

embate o un tesonero asedio, mientras la tranca y los recios puños de su rudo y vejante señor y dueño aparecían tras el mostrador o en la alcoba de cama ancha que era el nido de sus descansos y desasosiegos.

Pero ahora la ausencia que era indefinida, las noticias desesperantes, el demonio urgente, la moza robustez caldeante y los zarpazos y rasguños de la bestiecilla entrañera[176] ya despierta eran azuzados desde afuera por los pinchazos, que no con la espada sino con la lengua, los ojos, las manos, los labios y los dientes le daba a diario el más garrido y rico de los mozos de los contornos.

Dios hizo primero al hombre
y luego hizo a la mujer.
Primero se hace la torre
y la veleta[177] después.

Ni un día faltaba el brioso potro amarrado a una estaca del portal, tascando y piafando y secretando espumarajos quizá de risa, quizá de cólera, por lo que su jinete estaba haciendo adentro, allá tal vez, en la propia alcoba de la cama de dos plazas, por donde ahora no hacían molinetes[178] los lejos puños y la tranca de don Javier de Medrano... Y los meses pasaron y llegaron hasta nueve; y la ancestral fierecilla había vuelto a adormitarse con la saciedad del hartazgo de la fruta

[176] Que habita en las entrañas. Recuerda que se ha dicho comúnmente que los deseos de la carne habitan en las entrañas de la gente.

[177] Dado que la veleta es una pieza movible que se coloca en lo alto de los edificios y que se mueve por acción del viento, este término ha pasado a denominar a aquellas personas que cambian constantemente de parecer, como si el viento se llevara su voluntad.

[178] Movimiento circular que hace un combatiente para defenderse de su adversario.

prohibida, para dar lugar a que en otra entraña fuera despertando a la vida otra fierecilla amable cuyas palpitaciones la madre sentía, entre miedos y alegrías, en reemplazo de los anteriores lancinantes rasguños de la alimaña atávico-morbosa ya saciada y vuelta a adormecerse... Cuando...

Acto tercero: La escena del Edén siempre repetida bajo innumerables faces: tras la violación del precepto, la fuga cobarde de la serpiente; la terrible pregunta del Creador y la aparición del ángel de la flamígera espada a la puerta del Paraíso. Esta vez el Eterno habló por carta, y venía a aparecerse bajo la humana forma de don Javier para hacerle la terrible pregunta:

—Eva, ¿por qué te escondes?

—Señor, tuve vergüenza de haber comido del prohibido fruto; tuve vergüenza de verme desnuda. Y me he escondido.

Acto cuarto: El Tambo, de la noche a la mañana, quedó abandonado a la servidumbre. La culpable huía de su marido, pero no podía huir de su amor, cuyo fruto llevaba palpitante en sus entrañas, pugnando ya para salir en vívido reproche y acusación, porque al natural amor llaman delito.

Huye, huye, como Eva primero, por vergüenza, como Caín después, por miedo bajo el ojo implacable de la conciencia... y el nudo trágico se desarrolla en una balsa-posada del manso río de las Bodegas, en noche oscura y tempestuosa.

Dos o tres alaridos ahogados en un cuartucho de la balsa, un llanto como oprimido en la tierna garganta de un recién nacido; un intervalo de silencio en que solo se oye el cloc cloc del agua que bulle en las cabezas de los palos de las balsas; pasos cautelosos luego, de persona descalza. Y un cloc… glog… glog… más marcado que el perenne de la corriente… esto habría oído quien hubiera tenido interés en atisbarlo. Pero como nadie lo tuvo y en la balsa todos dormían profundamente… solo al clarear el día oyeron unas carcajadas estentóreas que partían de una canoita que, con celeridad de un torpedo, arrastraba la corriente furiosa del hinchado Babahoyo en el más acuoso de los meses de esos tremendos inviernos.

Y en la canoa no alcanzaron a distinguir sino a una mujer que bogaba y bogaba desconcertada y afanosamente río abajo, río abajo. Y riendo, riendo como la estridente risa sin ritmo ni respiro de una posesa, de una histérica, de una loca.

Epílogo: La tradición popular, que es la única que ciertas cosas misteriosas averigua, dijo que Isabel había estrangulado a su hijo al darlo a la *oscuridad*, que fue no fue *a luz*, ni de candil; que luego, presa de la sugestión del mismo diablo que en esta tragedia la había hecho protagonista, desató una canoita de las tantas acoderadas a la balsa, y que con las fuerzas, que el mismo diablo le daba a pesar de su delicado trance, bogó y bogó desesperada hasta no saber dónde, y, atando el yerto cuerpecito del infante recién nacido y recién muerto a la piedra que de ancla servía a la canoa, lo deslizó en el agua sin más testigos que Dios: sin más protesta que el lúgubre glog… que hizo el agua al englutirlo.

Se dice que terminada la obra del diablo, empezó la de la justicia de Dios: presa de súbita fiebre la madre criminal, se hizo loca y siguió arrastrando en su esquife como en vértigo por el río y acelerando su marcha por el canalete; solo oyó, antes de morir, una voz extraterrena que la maldijo, condenándola a buscar en esa canoita por los siglos de los siglos el cadáver de su hijo estrangulado por sus manos asesinas.

Muchos días después, unos viajeros por el río hallaron una canoita que iba sola, a capricho de las corrientes, con una lucecita sin sostén ni abrigo a la proa. Un fuerte hedor de cadaverina se desprendía de ella; una nube de moscas extrañas en su forma y extrañas en sus zumbidos formaba un agitado todo inseparable de la canoa. Se acercaron y examinaron como se pudo, venciendo el miedo y en lo que el enjambre misterioso permitía... y en la canoa no había nada ni nadie...

La superstición y el asco dejaron al garete la canoa, y desde entonces, por más de un siglo, quizás hasta hoy, casi no hay andante nocturno por nuestros ríos de Babahoyo, Daule, Vinces, Guayas y todos sus afluentes, que no cuenten en sus veladas haber visto alguna vez siquiera la canoita que pasa rápida como una visión con su lucecilla en la proa, el inseparable enjambre de moscones zumbadores y una voz gemidora, tristísima, escalofriante, que lamenta incesantemente:

Aquí lo perdí, aquí lo he de hallar...
Aquí lo maté, aquí lo arrojé,
aquí debe estar.

Es Isabel, la desdichada tambera, que anda buscando a su hijito, por permisión de Dios.

LEYENDAS DE LA SIERRA

EL HOMBRE Y EL DIABLO

Alfredo y Piedad Costales Samaniego

El hombre y el diablo pueden ser los mejores amigos. Sucede muchas veces, sobre todo, si el diablo tiene insospechadas generosidades con su amigo. En el fondo, esta no es una amistad corriente. El mortal, inconforme con su suerte, persigue bienes inalcanzables, fortunas cuantiosas, casas elegantes, joyas, animales. A su vez, el espíritu arrancado del averno[179] oculta sus verdaderas pretensiones. Si logra «hacer» amistad con un campesino, aprovecha la sencillez del hombre y sus pensamientos de grandeza; lo asfixia, lo llena de presentes. Un buen día le invita y entonces...

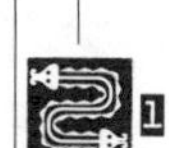

Dejemos contárnoslo a la leyenda:

César Bedón no tenía otras pertenencias que una choza esquelética, una quincha fabricada con ramas de lechero[180] y, en ella, una vaca, un asno y un perro en

[179] En la tradición latina, el averno era el sitio donde moraban los muertos. Si bien podría equipararse, en ciertos contextos, al infierno judeocristiano, su connotación no siempre implica un lugar donde los muertos reciben un castigo por sus obras. Suele ser, simplemente, el lugar donde moran los muertos, tal como el Hades griego.

[180] Se dice de un árbol de cuya corteza se extrae una savia parecida a la leche, utilizada para varios menesteres.

agonías. Vestía tan a lo pobre que mejor habría sido parcharle las carnes donde fuera necesario.

A él, como persona, nadie lo veía con el debido aprecio. El hombre desposeído vale menos que un muerto. Ni se lo piensa ni se lo extraña. Sus familiares no tenían preocupación alguna por tan insignificante persona.

El diablo conocía el alma vacilante de este pobre. De su propia paila de fuego y azufre dejó libre una mujer. Esta vino a la tierra provista de bellezas, de fingida mansedumbre y otras cualidades que cautivaron a César Bedón.

Fue un amor a primera vista. La joven, graciosa y bonita, convino en habitar la choza esquelética, cuidar de la quincha de lecheros. Todo continuó hundido en la triste situación, en tanto la flamante esposa dispusiera de tiempo *para coloquios* con el diablo.

Primero fueron cartas contando ella cuán grande era el amor de su esposo. Ya el alma del mortal era su propiedad exclusiva. Lo demás vendría por añadidura. El diablo respondió las secretas misivas, solicitando prudencia, mucho silencio y cautela. No había como *sacar las uñas de inmediato*. Meses después, el telégrafo de Satanás llevaba y traía mensajes.

Ella: «Señor diablo, ya es hora de ayudar a mi marido. Yo tuve lujos, comodidades, placeres en su compañía, prefiero la muerte a esta vida junto a César Bedón».

El Diablo a ella: «Tu apresuramiento puede perdernos. Para qué, entonces, fuiste formada en mi propia paila de azufre, sino para obrar con enorme paciencia. No se conquistó nuestro delicado sitio, en la eternidad, sino con los actos».

Entre ir y venir de mensaje, murió el perro. Poco después murió el asno. Ya no tendrían sino un vaso de leche al día. La mujer de César Bedón puso un ultimátum al diablo: «O viene, o me voy. No hay condenado con faldas que deje la paila por este cuchitril». El diablo respondió: «Voy. Cuando me necesites mira la botella situada junto a tu cama. Pide lo que quieras. Obra prudentemente…».

Desde entonces, los vecinos se sorprendieron de la rica presencia de la casa: paredes de adobe y madera, pintadas de blanco; ventanas protegidas de vidrio, cubierta flamante de zinc. Relucía al sol, como el plumón de las palomas. En las noches, el viento en el zinc decía palabras, palabras que no permitían dormir a los vecinos.

Esto solo fue el principio. La quincha desapareció de espaldas de la casita blanca. Caminó hacia remotos confines, hasta donde llegaban las siembras, los huertos frutales, las tierras de pasto de César Bedón.

Quien tuviera pactos secretos con el diablo para saber cómo se las arreglaba el más pobre entre los pobres para llegar a ser el primer propietario de la zona. Lo cierto es que César Bedón, hoy envidiado por todos, tampoco sabía cómo ni cuándo. Al meditar en la rara belleza de su joven consorte, nació la duda. Todo le parecía una amarga pesadilla. Mejor sabían las tortillas de maíz con cebolla y achiote al diario banquete. Algo como azufre le quedaba en la boca. Mejor sabía un pilche de leche de la vaquita negra y flaca a la crema batida con fresas y luego el vino de aquella extraña mujer, entre humilde y coqueta.

Optó por espiarla. El diablo sorprende a los hombres. Pero también hay hombres que le sorprenden a él, y allí ardió Troya.

Días, meses al acecho. Nada en absoluto… Su deliciosa mujer en los afanes del hogar. Todo creciendo como por arte de magia. Sementeras[181] sin gusano, sin heladas. El agua de las acequias fluyendo sin interrupción. Las aves aumentando de un modo incontrolable.

Los vecinos, a la puerta de sus casas, boquiabiertos, admirados. Y el pobre rico, insatisfecho, envenenado por las dudas, sacudido de temores. En la atmósfera, algo como una carcajada del diablo hería y estallaba.

¡Pobre rico! Pensar que fueron vanidosos sus sueños. Un día, retornó sin dar tiempo a su mujer a ocultar al diablo en la botella. Cuando el hombre del cuento entró en silencio, ella decía frases inteligibles y sacaba de una botella un monstruoso ser, envuelto en llamas el cuerpo, mitad hombre, mitad bestia: dos enormes cachos le nacían de la frente. Tenía ojos feroces y una cola lanuda. Al ser sorprendidos por el hombre, el diablo ordenó: «Huye mujer, vuelve a tu paila». El campesino enmudeció de asombro. Había al fin comprendido las desconocidas razones de su repentina riqueza. La mujer desapareció entre una nube negra y un nauseabundo olor a azufre, a cuerpos putrefactos, a montañas de almas conquistadas por el diablo.

Satanás rio; rio muchas veces sacudiendo de espanto el alma del campesino.

—Yo conocía los vanidosos proyectos de tu corazón. Solo el infierno satisface a los inconformes, a los pobres que enferman de envidia.

César Bedón continuaba estupefacto, sin palabra. Continuó el diablo:

—Si aceptaste mis primeras dádivas, aceptarás las demás; tu alma, en cierto modo, ya me pertenece. Acto continuo ordenó seguirle «a un lugar sólido», hoy llamado San Antonio.

....

[181] Porción de tierra que ha sido labrada y sembrada.

—Todo lo que tuviste volverás a poseer, mucho más si lo quieres. Solo necesitas tener el ánimo fuerte, soportar la prueba. Buena pinta para compañero de paila es la tuya; vacilas, envidias, haces amistad con quien no debes...

Dieron doce campanadas en la noche. Se abrieron oquedades[182] de fuego en la sombra y surgió una enorme mula, cuyos cascos sacudían la tierra. Diablo y hombre montaron la mula saliendo en veloz carrera, hacia lo desconocido. Llegaron a remoto lugar, funesto, tétrico, donde las sombras gemían de miedo. Restos humanos ardían, en azules fuegos fatuos. El olor era insoportable. Millares de enormes moscas iban de los restos putrefactos hacia los jinetes. Sus alas oscurecían más la noche. Los cadáveres hablaron:

—Aun cuando no te agradecemos, César Bedón, si aguantas, serás nuestro. Y todo lo tendrás. Tienes pinta para compartir la paila.

El hombre, por ambicioso que fuera, no soportó el espectáculo y, resbalando lentamente de la mula, huyó. «Uy...». «Ay...», pensando en su pobre casita de bahareque[183] en Santa Rita.

Su primitiva amistad con el diablo fue fatal por toda una vida. Nunca supo volver a su choza esquelética, a la que se arrimaba sufrida la quincha de lecheros. Su erranza era solo el grito del remordimiento y la angustia. Quien estuvo con el diablo huele a azufre. Quien poseyó riquezas, manjares y mujer bonita no vuelve conforme a ser un don nadie.

El maléfico poder de aquella amistad le llevó un día a Aguaján. Largo rato permaneció contemplando el

182 Espacios abiertos.

183 Pared de ramas y lodo.

río. El agua parecía subir hasta su garganta, atrayéndole hacia el fondo. Al fin, fuera de sí, dio cuatro vueltas en el aire y cayó pesadamente al río…

La familia, en días de búsqueda, dio con su cuerpo, casi descompuesto, a la orilla del río. Cuando llegaron para recogerle, el cadáver dizque rio fiero, fiero y mismo dicen que dizque suspira eternamente.

¿La razón?… Muy sencilla, hay peligro en que el hombre y el diablo sean los mejores amigos. Peligro en una mujer bonita, sobre todo si prepara manjares, habiendo en la quincha apenas una vaca, un asno y un perro en agonías; en sacudir el alma con la envidia y esperar de la gente mayores pleitesías de las mercedes, y en tener una botella junto a la cama. A lo mejor en ella entra el diablo y, al primer canto del gallo, somos millonarios, sin saber cómo ni cuándo.

EL CANDELERO

Luis N. Dillon

Quien ha tenido en su casa una de esas viejecitas de cabeza blanca como copo de nieve y de rostro surcado de profundas arrugas adivinará cómo ha venido hasta mí la vulgar leyenda del candelero, acaecida en esta noble ciudad, San Francisco de Quito.

Me cupo en suerte, allá en mi infancia, tener a mi lado una de estas crónicas andantes que, con sus cuentos y leyendas, suelen endulzarle a uno los ratos de mal humor. De boca de ella recogí la tradición objeto de este articulillo. La escuché en una noche de invierno, mientras caían torrentes de agua en el patio de mi casa y el viento azotaba con furia las vidrieras, circunstancias que contribuyeron de consumo a aumentar lo medroso de la leyenda y a imprimirla de un modo indeleble en mi delicado espíritu de niño. Hoy que la traslado al papel, no garantizo su verdad. Vayan, los que quisieren hacerme cargos, al panteón de San Diego; allí reposa doña Marta, la cual, pundonorosa como era, todavía a pesar del epitafio, sabrá volver por su reputación de mujer verídica, pues yo no hago otra cosa que, sin comentarios, escribir lo que ella me contara.

Es el caso, me decía la Sra. que, allá por los años de no sé qué tantos, se hallaba agolpado, muy por la mañana, un gran concurso de gente delante de la iglesia de San Francisco de esta heroica y pacífica ciudad, y varias personas parecían examinar cierta parte de la puerta con minuciosa y viva atención. «¡Los demonios!». «¡El enemigo malo!». «¡Qué extraño!». «¡Qué singular!» Exclamaban las viejas despavoridas y todas se ponían al abrigo de un *per signun crucis*[184] de padre y señor nuestro. Semejantes palabras y acciones excitaron mi curiosidad; me acerqué, y vi, a manera de bajo relieve, esculpida en la superficie de la puerta, la figura de un candelero gigantesco: la imagen era verdaderamente maravillosa, pero mostraba haber sido producida por algún choque violento.

Por fin resonó en los arcos del templo el ¡pitac! ¡pitac! de las alpargatas destalonadas y barbudas del sacristán, que pausadamente se encaminaba hacia nosotros; él vendría a ponernos en paz, aclarando nuestras dudas y para el efecto era suficiente interrogarle como lo hacen las mujeres: minuciosa y tenazmente. Dicho y hecho: llegando que no llegando, le destacamos tal retahíla de preguntas, que el pobre, para no perder la serenidad de espíritu, hubo de apelar al rosario mientras pasara el chubasco.

Todavía me parece que lo veo a D. Telésforo —así se llamaba el sacristán—. Era hombre de baja estatura, regordete y de carrillos tan soplados que amenazaban estallar en la primera de espadas, arrastrando en el descalabro al corto número de barbas que yacían diseminadas por su encendido rostro. Sus ojuelos encandilados y silbones

[184] Por la señal de la Santa Cruz.

andaban en perpetua riña, pues, mientras el uno miraba a la tierra, se empeñaba el otro en contemplar el cielo. El chaquetín de paño decía clarito que en sus mocedades había sido frac; pues, para volver a serlo, solo le faltaban los faldones. A consecuencia de este descabalamiento, atentado inicuo de las tijeras de D. Telésforo, su rabadilla se mantenía a la rasa, y los cuatro vientos jugaban a su antojo con el *fundillo* que caía desencajado de su lugar. Los calzones que cargaba este sujeto eran con rodilleras y un muestrario ambulante de casimires. En el otro cabo de la figura ya sabemos que traía alpargatas no muy *católicas*, las cuales dejaban que algunos dedos se asomaran, de cuando en cuando, a tomar aires más puros que los de su cárcel. Allá, por las alturas de la barba, parecían las puntas desmayadas y lánguidas del cuello de la camisa, dejando a la intemperie una manzana, pero ¡qué manzanota aquella! que se la distinguía a tiro de ballesta en el pescuezo de nuestro personaje. Además, unos cuantos cordones mugrientos a manera de collares de los que pendían escapularios y medallas de la Purísima y san Juan Bautista.

—¿Y qué, D. Telésforo? Díganos Ud. qué significa esta imagen que ha amanecido hoy impresa en la puerta. Díganos, por Dios, que mucho se comenta —prorrumpimos todos los que nos hallábamos amotinados delante de la iglesia al llegar el sacristán.

—¡Pues nada! ¿Qué va a ser?

—¿Ya lo oyen?... ¿No lo dije yo?... ¡Jesús, María y José, la Virgen santísima nos ampare!

—¡Bah! ¡Bah, qué mujeres! —dijo D. Teléforo, al ver los aspavientos de las beatas—. Cálmense ustedes y déjenme acabar: quiero decirles que el demonio de D. Pedro nos hizo una humorada muy divertida; sí, tan divertida que, aún después de que esta humanidad se haga polvo y ceniza, todavía se me han de poner los pelos de punta; no de miedo, por supuesto, sino por la broma, que no es mala. ¡Ya la van ustedes a oír!

Y después de murmullos en el auditorio, nuestro orador se cuadró en el dintel de la puerta y, estirando el pescuezo para tragar saliva, comenzó a hablar *excátedra*:

—*Ingratitudo pésima*: la ingratitud aborrece Dios como ningún otro pecado. Los quiteños son muy ingratos con el Sagrado Corazón, nuestro abogado y defensor, y esta es la causa por la que Él se nos ha resentido —saltaron dos lagrimones de los ojos de D. Telésforo—, retirándonos su benefactora protección, nos castiga hoy duramente con la peste que anda desolando la ciudad, como Uds. muy bien lo saben.

»¡*Miserere Domine pecatis nostris*!

»Los pobres estudiantes del San Fernando han llevado en esta ocasión la peor parte, no obstante las misas, trisagios[185] y comuniones a que devotamente se han entregado; pues casi no hay día que no tengamos uno de ellos a quien cantarle el *de profundis*: y les juro como buen cristiano que soy, y con esta boca que se ha de hacer tierra, que se me cuaja la sangre en las venas, cuando está aquí alguno de estos señores, y tengo que venir, muy por la madrugada, a abrir las puertas de esta santa casa.

»Pues bien, anoche ocurrió lo de siempre, es decir, tuvimos muerto en casa, y este era estudiante por añadidura, y, según se estila en el colegio, dos alumnos debían pasar la noche, que de veras es mala, custodiando el féretro y atizando los cirios. La suerte quiso designar para esta enojosa tarea a dos tipos diametralmente opuestos:

....

185 Himno en honor a la Santísima Trinidad, donde se repite tres veces la palabra *santo*.

Pedro Cedeño, uno de los elegidos, un mozalbete truhan y desalmado; a él poco le importan las cosas del otro mundo; en nada cree y siempre tiene, aún para lo que mella al corazón más corrompido, risa sarcástica en sus labios, aquello que tiene esa seriedad tan imponente por hallarse envuelto en el misterioso ropaje de lo eterno es para él objeto de las más cáusticas[186] burlas. No así Juan Álvarez, muchacho devotito, fervoroso y recatado, respeta todo lo respetable, adora todo lo adorable.

»Las siete de la noche serían cuando las puertas de la iglesia impelidas por mi mano giraban pesadamente sobre sus goznes. Pedro y Juan tomaron asiento en el confesionario para vigilar cómodamente el túmulo y precaverse del frío que era intensísimo. Les encargué que se encomendaran a las ánimas benditas, no sin exponerme a la fisga[187] de Cedeño, y desaparecí en seguida en busca de mi lecho. De lo demás, no soy testigo presencial, pero vengo de oírlo de boca del mismo Pedro, y por san Millán el Cogolludo[188] que yo no sé mentir: primero me pondría como san Ramón[189], candado en la boca, antes de que por estos labios salga una falsedad.

....

[186] Quemante, agresivo.

[187] Burla.

[188] San Millán de la Cogolla fue un santo que vivió entre el siglo V y VI d. C. De ahí se tomó su nombre para denominar a una pequeña comunidad de La Rioja, en España.

[189] San Ramón nació en 1204 en Cataluña, España. Se le llama el Nonato, pues su madre murió al dar a luz y los médicos debieron practicarle una cesárea para que el niño naciese. Una vez que ingresó a la orden de los Mercedarios, san Ramón acudió a Argel a liberar a varios cristianos prisioneros de los musulmanes. Cuando se le acabó el dinero de los rescates, él mismo se ofreció como canje, sin imaginar las terribles torturas que sufriría. En aquella época, los musulmanes tenían prohibido a los prisioneros hablar de la fe cristiana, y como san Ramón no se callaba, le ataron la cara con una correa y un candado. De ahí esta expresión del monaguillo.

»Es lo cierto que a eso de las doce de la noche, uno de los amigos le decía al otro:

»—¡Qué flojo eres hombre! ¡Te vas a morir de miedo, mariquita! Ve a la fonda de la esquina y tráeme algo que engullir. No te olvides que primero necesito remojar la garganta para no atragantarme; echaremos un trago a la salud de los condenados y otro se los ofreceremos al difunto, que, estoy seguro, lo ha de aceptar de muy buena gana, pues el gaznate no le debe andar muy fresco. ¡Deja nomás, que esta noche vamos a armar parranda con las almas del Purgatorio!

»—¡Calla, por Dios, deslenguado, yo no voy!... —respondió Juan a las blasfemas palabras de Cedeño, dando diente con diente al considerar que tenía que habérselas solo hasta llegar a la fonda. Mas, con furibunda interjección y soberano golpe, hizo Cedeño salir a su amigo del confesionario, obligándole así a cumplir sus órdenes.

»Tan luego como Juan hubo salido del templo, Pedro se dirigió a las andas con ánimo resuelto, y, tomando en brazos al cadáver, lo colocó en el confesionario en actitud muy natural. Pocos momentos después, el profanador ocupaba el ataúd, mientras decía para su capote: «¡Buena jugarreta! ¡Valiente susto se va a llevar el muy mariquita al darse de narices con el difunto! ¡Ja! ¡Ja! ¡Cómo nos vamos a reír mañana en el colegio!

»Después de un instante, se oyó un rumor sordo producido por telas que se arrastraban; pasos mesurados cuyo eco iba a perderse en las oscuras bóvedas del templo; respiraciones profundas, quejidos prolongados, fúnebres suspiros que parecían salir del fondo de una tumba.

»La serenidad de Pedro iba flaqueando: preciso era desvanecer las neblinas que empezaban a bullir delante de sus ojos y para lograrlo se decía: «Es sin duda Juan que, de vuelta de la fonda, trata de probar una vez más mi indisputable valor fingiendo esos suspiros y las otras bobadas; sí, pero ¡qué caro le va a costar el chiste! ¡Vamos a ver cuál de los dos es el que se lleva el chasco!». Mas, los pasos se acercaban; aire fétido era el portador de esos lúgubres ruidos y aún cierto fulgor siniestro parecía iluminar a intervalos las tinieblas que envolvían el templo. Pedro no pudo ya sobreponerse: las sienes le latían con violencia tal que amenazaban hacer saltar las tapas del cráneo; la respiración era difícil y los cabellos estaban erizados, cuando haciéndose esfuerzo sobrenatural levantó la cabeza y, con ojos desmesuradamente abiertos, contempló un cuadro horrible: el cadáver que había recobrado la vitalidad para volver a sus fueros indignamente ultrajados avanzaba con paso majestuoso y solemne hacia él, para pedirle cuenta de la profanación. Cada dos pasos se detenía con ademán espantoso. El hábito de San Francisco que le servía de mortaja se rozaba con lentitud por el suelo, produciendo un ruido aterrador. Por entre el capuz[190], que caía sobre sus pómulos huesosos y macilentos, se dibujaba su mirada cristalina, indecisa y torva. Los labios rígidos y blancos, ligeramente entreabiertos, dejaban asomar dos hileras de dientes empañados por el vaho de la muerte y daban a la faz del difunto aspecto por demás medroso y siniestro. La luz pálida y mortecina de los pizmientos cabos de los blandones[191], que chisporroteaban con tristeza, al ir a dar sobre el sayal del difunto, producía resplandores lívidos y temblorosos

[190] Vestido largo que contaba con capucha y cola, generalmente usado en rituales fúnebres.
[191] Hacha de cera.

que se destacaban perfectamente sobre la densa lobreguez de la nave.

»La vez que en su camino se detenía el muerto lanzaba un gemido desgarrador, pero entrecortado y apenas perceptible; la cabeza se doblaba sobre su peso, produciendo, al chocar con la mortaja, un sonido cavernoso, que los recodos del templo se encargaban de reproducir mil veces.

»Aquello era horrible, espantoso, y Pedro, por tanto, más muerto que vivo, vaciló, tembló; quiso gritar, pero una mano de hierro le estrechaba con saña la garganta; sudor meloso corría a raudales por su frente, el cerebro estaba conturbado, los músculos habían perdido su potencia motriz, y así, más bien rodó que saltó sobre el pavimento. Aunque el mozo perdiera su valor, todavía le quedaron fuerzas para levantarse y correr despavorido en dirección a la puerta principal. Poco antes de llegar a ella volvió la cabeza, y su estupor llegó al colmo al ver que el cadáver había empuñado uno de los cuatro enormes candeleros que se hallaban colocados en los ángulos del catafalco, y, enarbolándolo, le seguía a más no correr. Los muros de la iglesia vacilaron para él; el fantasma que le perseguía se volvió inmenso, inconmensurable; en sus ojos brillaban centellas prendidas con el fuego del infierno, y allí en su mano relampagueaba el candelero vengador: candelero elaborado por la furia satánica y para maldición de la humanidad. Un ruido seco vino después: era que Pedro se desplomó y rodó por tierra. Al mismo tiempo un estrépito inmenso, en seguida silencio pavoroso: el candelero había sido arrojado con la violencia del rayo al desprenderse de la nube, y ahí está impreso en la puerta para eterna memoria de hecho tan singular; como sello de un juramento de venganza terrible, como testimonio irrecusable de un castigo impuesto a la profanación y fulminado desde ultratumba.

»No bien había pasado esta escena horripilante, cuando Juan entraba por la puerta falsa de la iglesia cargado de buena cantidad de provisiones de boca. Después de echarse encima una persignada, se dirigió al confesionario en busca de su amigo. Su sorpresa fue grande al encontrar vacío el asiento, y se quedó mudo de terror al oír por el lado de la puerta un ronquido bronco, mezclado, de cuando en cuando, de quejas agudas que parecían salir de los antros malditos y que se iban apagando poco a poco en el silencio. Juan, que de poco necesitaba, huyó desposeído de pánico al convento en pos de auxilio.

»A los cinco minutos, aquello era una algarabía: los padres, casi trastornados, buscaban sus libros de oraciones, se colgaban al cuello sendos escapularios y medallas, y, armados de crucifijos, descendían a la iglesia formados en columna. Yo llevaba la vanguardia asido de mi acetre. El puesto no dejaba de ser peligroso, pero en desempeño de mi cargo hube de ocuparlo haciéndome de *tripas corazón*. Los salmos penitenciales de David y los exorcismos fueron nuestro *refugium*. ¡Qué de rezos, qué de cantos hasta llegar a la iglesia! Yo, siempre atento y comedido, quise cederle el paso al padre prior:

»—Pase vuestra paternidad primero.

»—Sigue nomás, hijo, que yo he de ir después.

»—No, mi padre, siga vuestra reverencia.

»Y en este diálogo nos amaneciera —porque no sé cuál de los dos tenía más miedo— si el padre, tomándome por el brazo, no me hubiera puesto de un solo tranco en media iglesia. Allí vinieron los exorcismos y asperges por mayor: pero nada, el muerto estaba bien muerto, tendido sobre el anda no daba muestras de haber hecho ninguna excursión; mas Pedro estaba tendido junto a la puerta —para comprobar que no es cuento la historia que os vengo narrando—, exánime, tenía la boca espumajosa, los ojos enturbiados, las manos crispadas y los cabellos en completo desorden; la huella que había dejado el candelero en la puerta, me decía, además, que los muertos no deben ser objeto de burla.

Así terminó el sacristán su narración a las viejas que lo escuchaban como bausanes. Yo, por mi parte, y en vía de moraleja, aconsejaré a los que se tomen la molestia de leer esta tradición que no se anden en broma con los del otro barrio, porque se exponen a un candelerazo.

LA TRADICIÓN DE SAN FRANCISCO
(Leyenda de Cantuña)

Luis Aníbal Sánchez M.
A don Ricardo Palma

Hay en mi vieja y original ciudad de San Francisco de Quito, la capital de shyri, ciudad *sui generis*[192] perdida en la concha blanca de su topografía, una iglesia pétrea, antigua, de estilo primoroso, y que levanta muy en alto el consuelo de sus torrecillas en forma piramidal. El gusto arquitectónico que informa su fachada es, al decir de los entendidos, ecléctico[193].

Nosotros, profanos, solo opinaremos que aquel templo colonial, levantado a impulsos de la fe, es un prodigio de arte; con su severidad y su aire de misterio. Sobre el entablamiento grandioso, se yerguen estatuas seculares de santos, grises y soberbias. Al frente del templo, está el prodigio del atrio, y luego la plaza, extensa y desmantelada.

Hay una tradición popular y nebulosa de cómo se construyó el mencionado atrio...

....

[192] Esta es una locución latina que se acuñó para describir un concepto que no cabe en otra explicación. Podríamos decir que quiere decir también algo único en su especie.

[193] Reunión de varios elementos, aunque procedan de distintos sistemas de pensamiento o representación, para formar un todo.

Elevado como tres metros del nivel de la plaza, de piedra maravillosamente acomodada, es una joya y un encanto. Anchísimo (de unos 15 metros de latitud por 80 de longitud) y amplio, está limitado por «repecho sólido y elegante», tallado con admirable ingenio. Enormes esferas de piedras se destacan sobre el atrio, airosas, y tres series de gradas conducen a la parte superior de él. Las dos laterales miden como veinte o más metros de largo, la una; y dos, la opuesta. Al centro se destaca una magnífica media naranja, prodigiosa y elegante. Al centro se distingue, como visión señorial y austera de los tiempos feudales, la fachada sobria de la iglesia. La obra es casi sobrehumana; de ahí que la fantasía popular haya dispuesto alrededor de la edificación de este milagro de arquitectura una leyenda bella y rara, que bien se acomoda al espíritu fantaseador de los quiteños.

Lentos corrían los tiempos monótonos del coloniaje. Un indiano, llamado Cantuña, impulsado quizá por la sed de oro o con el ansia de grandeza, acometió la singular locura de firmar solemne compromiso para construir el atrio grandioso. Expiraba ya el plazo; y la obra estaba a la mitad. Con el esfuerzo humano era imposible acabar la fábrica en el tiempo sobrante aún. Loco de dolor, jadeante, consumido por la fiebre y por los temores, Cantuña se debatía en su estancia: faltaban dieciocho horas para vencerse el término.

Los sueños de dicha, de grandeza que alimentara el pobre indiano, se iban abajo ante la realidad terrible. Pronto debería estar sumido en las tinieblas de una cárcel, con el sarcasmo de la gente encima. El orgullo innato del indio lo devoraba.

Moría la tarde lujuriosa en un crepúsculo de fuego. Las campanas de las escasas iglesias llamaban con sonoridad a la oración de la tarde; flotaba un aroma campesino y puro. Desiertas iban quedando las callejas, tortuosas y sin empedrar. La poca gente se dirigía al templo o, presurosa, a encerrarse en el hogar.

Cantuña veía danzar en rededor de la estancia sumida en penumbra formas extrañas y diabólicas. Jadeante, ansioso, el mísero recorría a largos pasos la habitación. No le valían ni los rezos ni las súplicas al cielo. Creyó distinguir una voz misteriosa que le exhortaba a implorar remedio a Dios; y así lo hizo. Conforme iban saliendo de su boca las palabras de la oración, un bálsamo inefable de consuelo parecía descender sobre él. Acabada la plegaria, Cantuña se dirigió a San Francisco. Secreta esperanza le dijo que el Señor ha atendido a su ruego, mandando que la obra se concluyera. Por un ángulo de la plaza, envuelto en amplia capa, apareció Cantuña. Sus ojos creyeron vislumbrar obreros divinos que daban la última mano al atrio gigantesco. Palpitó su corazón de gozo; y la oración de gracia brotó, ferviente, de su pecho. Y vio luz, mucha luz… ¡Se había engañado!… La ira salió de su corazón y la blasfemia vibró por el espacio.

Pero ¿qué era aquello? ¿Otra vez se engañaba?

De entre los hacinamientos de piedras salía un personaje misterioso, envuelto en manto rojo, su rostro estaba negro, sudoroso, sonrisa enigmática se dibujaba en la boca enorme.

Calzaba botas retorcidas y también rojas: poco a poco, el fantasma se acercaba al estupefacto indígena.

—Cantuña —le dijo—, sé cuál es tu dolor; sé que mañana serás desgraciado y maldito. Pero yo puedo consolarte en tu aflicción. Antes de que asome el alba, el atrio estará concluido; tú, en cambio, firmarás hoy este contrato. Soy Luzbel y quiero tu alma. ¿Aceptas? Di.

El indio no vaciló:

—Acepto. Pero si al rayar el alba, antes de que se extinga el sonido de la última campana del avemaría, no está concluido el atrio, si falta una piedra que colocar, una sola, óyelo bien, el contrato será nulo.

—Hecho. Firma el documento —contestó el demonio.

Y poco después, azorado y maldito, volvía el triste Cantuña a su vivienda. Lágrimas abundantes corrían por el rostro bronceado del indiano. Ferviente imploró al cielo perdón por su culpa y remedio para su alma.

Y al siguiente día, cuando empezaba a romper el alba, Cantuña se dirigió presuroso a San Francisco.

La obra estaba al concluirse; millones de diablillos rojos cruzaban, como lenguas de fuego, por el espacio, atareados en la construcción del atrio, que majestuoso se alzaba. Y el alma, la pobre alma del indígena, estaba ya perdida. Una oración, la última, llena de fe y de penitencia, salió de sus labios. Luzbel reía.

Pero el día asomaba. Un pálido color violeta empezó a cubrir el firmamento; tornaban a cantar los gallos: el sol se desperezaba ya tras del Ichimbía.

El indio, afligido, contemplaba el espectáculo. El atrio estaba al acabar de concluirse. Luzbel reía.

Lentas, graves y consoladoras sonaron las cuatro campanas, heraldos de la aurora.

—¡Victoria! —rugió Luzbel.

—¡Victoria! —exclamó el criollo—. ¡Falta una piedra!

En efecto: un bloque, uno solo, faltaba aún. El alma de Cantuña se había salvado…

Satanás, maldiciendo, se hundió en los infiernos con sus secuaces.

El alma del triste indiano estaba libre, y, como evocación prodigiosa, el atrio se alzaba, solemne, a las miradas de los creyentes quiteños.

EL PADRE ALMEIDA

José Gabriel Navarro

Religioso austero y muy entregado a la vida contemplativa era fray Bartolomé Rubio. En 1597, fundó la Recolección Franciscana en el valle del Iñaquito, muy cerca del lugar donde pereció el primer virrey del Perú, don Blasco Núñez de Vela, decapitado por un negro esclavo de Suárez de Carvajal en la tétrica noche de un lunes 18 de enero de 1546. A instancias del pueblo de Quito, del Cabildo y del obispo, trasladó dicha recolección, con el título de la Orden de los Descalzos de San Diego de Alcalá, al occidente de la ciudad, a unos terrenos que en las faldas mismas del Pichincha contorneaban la estancia Miradores, del rico vecino don Marcos de la Plaza, marido de doña Beatriz de Cepeda e Hinojosa, sobrina de santa Teresa de Jesús, el cual los donó a aquel santo religioso para dicha fundación.

No podía ser mejor escogido el sitio. Apartado de la ciudad, aun ahora mismo cuando ya se han poblado sus alrededores, aquel lugar es el retiro de los monjes, el solitario nido que tal vez soñaron las mujeres de la Tebaida[194].

[194] Ubicada en Egipto, en esta localidad también se persiguió encarnizadamente a los cristianos durante sus primeras manifestaciones. Aquí vivían los primeros cristianos en monasterios de hombres y mujeres, por separado.

El convento es una inmensa ermita con su capilla, con los claustros cuadrados, muchas celdas, un precioso humilladero, una clásica fuente castellana, un jardín, un huerto y un gran bosque de eucaliptos que antes lo fue de cedros, capulíes y arrayanes. Los claustros del piso superior son angostos, bajos de techo e iluminados con una que otra ventana o algún tragaluz que, produciendo durante el día la indispensable claridad, impide la curiosidad de la mirada y concentra necesariamente el espíritu en el ambiente austero de santidad y recogimiento que rodea a este lugar. A un lado y otro de las antiguas celdas de los frailes, pequeños cuartos blanqueados con cal, en algunos de los cuales aún se encuentra el lecho de madera con tejido de cuero que, cubierto de miserable estera, les servía para su descanso, ya de noche, ya en las horas de silencio. Algunas de esas celdas tienen una sola ventana alta en el techo con una puerta que funciona mediante un curioso sistema de cuerdas y poleas; otras tienen dos ventanas en una de las paredes, pero tan diminutas que apenas el espíritu puede salir por ellas.

Las puertas de entrada son de una sola hoja y sus marcos forrados de cuero para apagar el sonido si la puerta se cerrara alguna vez sin cuidado o precipitada o bruscamente. La iglesia, un relicario de arte y de recuerdos. Allí la vista recoge maravillada el artesonado de lazo morisco que cubre el presbiterio, las afiligranadas labores de su púlpito, los restos de la antigua riqueza de la capilla de Chiquinquirá, los artísticos retablos de madera dorada con sus magníficas estatuas, y se detiene, sin quererlo, ante la hermosa Virgen de las Angustias, el ídolo de los antiguos devotos de san Diego, entre los que se cuentan los marqueses de

Maenza, de Lises y de Solanda y los condes de Selva Florida.

Recorriendo el convento, la imaginación más fría se exalta y el espíritu más tranquilo y estoico es arrebatado hacia la Edad Media o revive las admirables páginas en que describe la vida de los monjes de Occidente el conde Montalembert. Dan pábulo a la imaginación, etc.

A pesar de que en la prolongada ausencia de los religiosos se ha destruido un tanto el convento, no deja de impresionar su ambiente lleno de recuerdos y también de leyendas. Por la iglesia, por los claustros, por las celdas cruza la silueta del célebre padre Almeida, cuya leyenda no puede ni podrá separarse jamás del convento sandiegano, a pesar de que gran parte de su vida la pasó aquel religioso en el Convento Máximo, en donde tuvo cargo tan honorífico como el de guardián y secretario de provincia.

Quién no conoce en Quito la leyenda de aquel fraile, en quien la tradición ha querido sintetizar una de las malas épocas de la religión franciscana en el Ecuador y pintando en su persona al fraile pícaro, jugador y tunante que solía pasar algunas noches de claro en claro y no pocos días de turbio en turbio aprovechando del relajamiento de la disciplina monástica de su convento.

Era don Manuel de Almeida joven de 17 años cuando entró como novicio en el Convento Seráfico de Quito. Único hijo varón de don Tomás de Almeida y de doña Sebastiana Capilla, renunció a todos sus bienes a favor de su madre y de sus hermanas Isabel, Gabriela y Catalina. Devoto debió ser el joven cuando abandonó una regular fortuna y los placeres de la edad los cambió por la disciplina monástica de su convento. No fue ningún pintado en la pared, lo demuestran los altos cargos que llegó a tener en la orden: definidor, guardián, maestro de novicios, predicador de precedencia, secretario de provincia y hasta visitador general.

Pero cuando ingresó en el convento, malos vientos corrían por los claustros: el demonio de la relajación se había cernido desde la portería hasta el altar mayor y la indisciplina cundido de una manera escandalosa. Era la época en que los frailes se hacían arrastrar en coches y literas, jugaban a los naipes y tiraban escopeta para matar el tiempo, y el convento era mirado por alguno de ellos como una gran casa de posada que debía solo ocuparse a ratos y desocuparse cuando a bien se tuviera, sea por la puerta, sea por el tejado. Las veces que el hermano síndico tuvo que pagar las tejas rotas hasta por los frailes mozos. El joven religioso de nuestra leyenda no pudo, pues, permanecer por mucho tiempo libre del contagio.

Un buen día cedió a las tentaciones que le tendiera Satanás por uno de sus compañeros de claustro y acudió a comer por la Nochebuena unos ricos buñuelos en casa de cierta devota que se creía honrada con la presencia nocturna de los relajados hijos de San Francisco. Cuatro de estos frailes fueron los que aquella noche saltaron las tapias, entonces bajas, del convento hacia las calles del Conde y, arrebujados en sus mantos, se dirigieron por Santa Clara y la quebrada del Auqui hacia la Cruz de Piedra. Junto a la fuente del Sapo, se hallaba la casa cuya puerta cedió fácilmente al primer empuje del más confianzudo de ellos.

Cuando entraron a la sala, el silencio se hizo general, llamando la atención del novicio Almeida la actitud desairada en que se hallaba tendida por los suelos un arpa casera, al compás de cuyos sones habían ingresado a la casa.

No debió causarle impresión buena la frialdad del recibimiento, pero no pudo prolongarse el disgusto con que probaba la vida mundana del religioso porque bien pronto se desdobló un biombo de siete mil colores y saltaron a media sala hasta media docena de frailes dominicos.

«Ari chicu, chicu, nuestro padre san Francisco» fue el saludo de ellos, dando brincos y palmadas delante de los seráficos.

«Gin, gun, el niño Jesús» fue la respuesta que, dicha en coro y seguida de carcajadas y bromas, hizo latir de gusto el corazón de fray Almeida.

Volvió el arpa a las manos del dominicano que la había soltado rápidamente para jugarles una broma a los hijos de san Francisco y, en medio de cantos y danzas, concluyeron los sabrosos buñuelos de aquella primera noche buena de fray Manuel.

La del alba era cuando regresó al convento, en donde apenas se notó en el coro y refectorio la falta de dos o tres religiosos que se habían quedado rezagados. «Comer y rascar hasta empezar», dijo fray Manuel al día siguiente, pidiendo a sus compañeros de la víspera que volvieran a llevarlo aun cuando fuera para no comer buñuelos. A los pocos días, ya era él quien invitaba; después de algunas semanas, eran los otros los que debían contenerle en los límites precisos de un escándalo religioso. Pero era imposible, y ni fray Mateo de San José, que en memorable lunes once de julio de 1672 se atrevió a hablar desde la cátedra sagrada contra la vida de algunos de sus hermanos, en momentos que se honraba a los religiosos difuntos con solemne ceremonia pública y gran misa de réquiem, pudo convencerle de la necesaria moderación en el escándalo.

Un buen día ya no le pudieron aguantar los mismos compañeros y le recluyeron en San Diego, para ver si se moderaba. Todo en vano. Durante el día pasaba inquieto esperando la llegada de la noche para largarse muro abajo en dirección a la ciudad. Había estudiado con toda atención el mejor sitio para la comodidad de sus nocturnas evasivas, también había visto que el Cristo enorme que se hallaba en el coro, al pie de la ventana que daba hacia la plazoleta, podría servirle de escalera, y de él se utilizó durante largo tiempo. Mucho debió ser cuando el mismo Cristo se cansó de aguantar las irreverencias del fraile. Cierta noche que volvía, sin duda, a las mil y una noches de sus escandalosas orgías, abrió sus labios el Cristo y le dijo estas palabras: «¿Hasta cuándo, padre Almeida?». Levantó la vista el fraile, se repitió a sí mismo la interrogación impresionante, pero el diablo le trajo al vivo en su recuerdo de lo que afuera le esperaba y, entonces, sin vacilar, contestó: «Hasta la vuelta, Señor».

En efecto, aquella noche fue la última. Regresado al amanecer, ya no fue a la celda. Se postró delante del Cristo, que ya no le volvió a hablar, y le prometió poner punto final a sus desvaríos.

***

Aún existen los restos de la ermita que, muy encima del bosque, se fabricó fray Manuel para su recogimiento. El Cristo, que no ha variado de sitio. Y la preciosa urna cineraria[195] que en letras de oro llevó el nombre de fray Manuel de Almeida, por voluntad devota de los fieles se mostraba todavía en San Diego en 1880, ha desaparecido;

....

[195] Que tiene cenizas mortuorias.

pregona su memoria en los villancicos que en cada Navidad repiten los quiteños durante la novena del Niño:

Dulce Jesús mío,
mi niño adorado,
ven a nuestras almas,
ven no tardes tanto,

que la piedad del fraile convertido escribió junto con un viacrucis y una autobiografía que también desapareció en esa misma época.

UNA FLOR QUE SENTENCIA

Ángel Polibio Chaves

I

Chimbo era en 1745 un asiento floreciente y de bonito aspecto, pues el rey le había concedido favores y muchos privilegios, deseoso de que hubiera una buena población en la garganta de la presidencia, para que sirviera de auxilio al comercio de la Costa y de la Sierra.

Todos los corregidores habían sido personajes distinguidos. Señores de horca y cuchillo, los cuales casi siempre traían comitiva de empleados de gente notable, así por la cuna como por los vicios: pues quienes no tenían esperanza de mejorar en la Península y ni podían resignarse a su mala fortuna, se trasladaban a América, donde, por mal que les fuese, venían a ser principales y primeros.

El corregidor don Pascual de Guevara había dejado un hijo denominado Manuel, quien, aun cuando de nobleza conocida por parte de sus cuatro abolengos, tenía la desgracia de ser criollo; esto, en los tiempos coloniales, equivalía casi a tener sangre africana y era causa de menor valer, por muchas que fuesen las campanillas por los otros lados.

Don Eugenio González de Figueroa, el que fundó el pueblo de Balzapamba, trajo por secretario a Luis Paredes de Lara, joven de unos veintidós años, buen mozo hasta no pedir más, tunante, jugador y malo, que no tenía el diablo talón en qué herirle. Desde que llegó a Chimbo, se distinguió por sus saturnales[196] y se preciaba de no haber hallado mujer que le resistiese; pero, muchas veces, es duro un hilo de araña, y he aquí que en el asiento hubo doncella que dijese y probase que don Luis era antipático, no embargante su hermosa bien puesta figura.

Vivía en uno de los barrios apartados de la ciudad una joven llamada Rosario, modesta en todo lo que no fuesen cualidades personales, y de quien era tenido por novio oficial Manuel de Guevara; no obstante, no la había pedido aún a sus honrados padres. Lo supo Paredes, pero no pudo dar al blanco, porque ni a la casa entró, ni recibidos fueron sus billetes[197], ni mención hizo la interesada de las serenatas, rondas y paseos con que se desempedraba el barrio.

Infructuoso es decir que Luis y Manuel se hicieron enemigos; y mientras el uno vivía con su boato y riqueza, el otro se le equiparaba con ser español y empleado. De esta lucha sacaban partido los parciales respectivos; porque si bien el castellano no tenía tesoros en caja, los encontraba donde quienes los tenían, por medio de cien mil resortes de que se valía para conseguirlos de grado o por fuerza.

---

[196] Fiesta romana en honor del dios Saturno, el dios de las cosechas. Se celebraba el fin de la época más oscura del año. Asimismo, los saturnales también se celebraban cuando algún general regresaba victorioso a Roma. Estas fiestas se caracterizaban por el bullicio y el intercambio de regalos. Sin embargo, recuerda que existe la tendencia a relacionar las fiestas romanas con el exceso.

[197] Carta pequeña, con mensajes cortos.

II

En aquella época, no era el aguardiente de venta libre, sino que se hacía esta por cuenta del Gobierno. El estanquero era hombre considerado porque estaba en camino de hacer fortuna con muy escasos medios: dedo menos en la medida para vender, dedos más para recibir, y tal cual cántara de agua le representaba más que el sueldo. Como tras el lugar del despacho tenía el estanquero de Chimbo trastienda donde se reunían para jugar los desocupados del asiento, percibía de los viciosos otra rentita que iba acumulando para su regreso a España, pues, de tantos gastados allá, no había minuto que no hablase de su próximo regreso, el que solo dificultaban los tramposos, ya que, decía, estaba en estos todo lo poco que había podido conseguir a costa de mil penalidades y mayor número de privaciones.

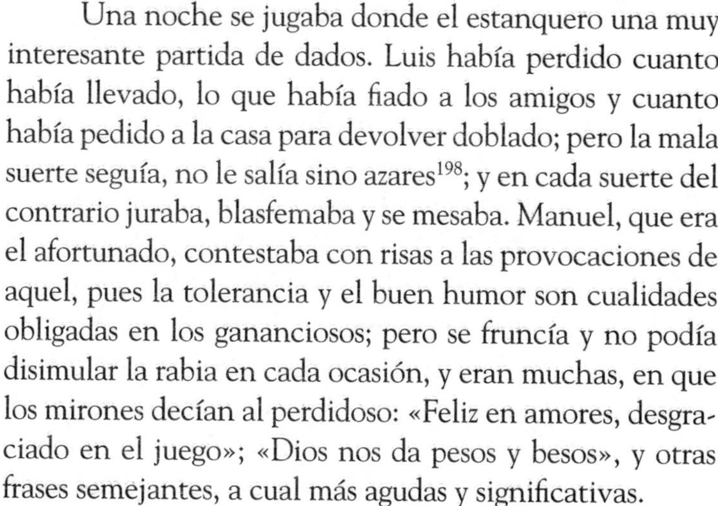

Una noche se jugaba donde el estanquero una muy interesante partida de dados. Luis había perdido cuanto había llevado, lo que había fiado a los amigos y cuanto había pedido a la casa para devolver doblado; pero la mala suerte seguía, no le salía sino azares[198]; y en cada suerte del contrario juraba, blasfemaba y se mesaba. Manuel, que era el afortunado, contestaba con risas a las provocaciones de aquel, pues la tolerancia y el buen humor son cualidades obligadas en los gananciosos; pero se fruncía y no podía disimular la rabia en cada ocasión, y eran muchas, en que los mirones decían al perdidoso: «Feliz en amores, desgraciado en el juego»; «Dios nos da pesos y besos», y otras frases semejantes, a cual más agudas y significativas.

[198] En los juegos de dados y cartas, sacar un azar es atinarle precisamente al punto que no se debe.

No tuvo ya Luis sobre qué jugar, porque pignorando[199] estaba hasta el sol por salir; entonces le propuso Manuel darle el valor de un anillo que tenía puesto.

—No es mío —contestó Luis.

—Lo sé —le respondió Manuel, dirigiéndole una mirada de espantoso ademán que le arrancaba el alma.

Convinieron jugar el precio de la joya y se resolvió la partida; pero con éxito diferente desde el principio. Bien en breve pasaron los fondos a poder de Luis, y tocó a Manuel la hora de enrojecer, sudar y maldecir; a pesar de haber sido, hasta entonces, el jugador más sereno y culto de cuantos frecuentaban la trastienda del estanquero.

Dieron las diez de la mañana y la mesa seguía con el mismo personal que doce horas antes. Y aun cuando la casa exigía a Manuel que tomara más dinero para desquitarse, este no quiso; dirigió una mirada de provocación al feliz Paredes y salió, con asombro general, no por la puerta excusada, y sin cuidar de arreglarse el vestido ni los cabellos.

III

Nuestros abuelos almorzaban a las ocho de la mañana, merendaban a las dos de la tarde, cenaban a las siete de la noche, y a las ocho no había mortal ni luz despiertos, pues tenían por axioma: comer y dormir temprano conservan el cuerpo sano. Y seguramente por esto vivían doble y triple que los trasnochadores de sus nietos.

En casa de Rosario estaba el papá furioso, pues su hijo no había venido al almuerzo; y si no se daba por notificado de que pasara la mayor parte de las noches

---

[199] Dejar en prenda.

en el estanco, no perdonaba que faltase a la mesa en las horas de comer.

La niña bajó al jardín tan luego como se levantó su padre, y comenzó a pasear por todas las callejuelas, pero volviéndose a cada instante hacia la puerta. Dieron las diez en el hospital, y su agitación subió de punto: paseaba con más viveza, se paraba más a menudo, se llegaba más a la puerta, ponía el oído para escuchar, veía por la abertura de la chapa, se arreglaba el cabello, cogía flores, las deshojaba; estaba como azogada, no sabía lo que hacía. Vestida de traje blanco, suelta la hermosa cabellera que le ceñía hasta la cintura, se destacaba como la figura de Ofelia a los rayos de un sol reverberante, que parecía quemar hasta las arenas del jardín.

Dieron las once, se abrió la puerta, y entró Manuel con aire descompuesto y sobresaltado. Se paró al divisar a Rosario; sintió un estremecimiento extraño y tuvo ímpetus de volver la espalda y salir a la carrera; pero le deslumbró la belleza de la joven, se detuvo un instante, y luego siguió precipitadamente hasta donde ella se encontraba. Miró al mancebo con ojos preñados de lágrimas, y se dejó tomar la mano sin decir una palabra. Él la llevó a un banco de césped, la hizo sentar junto a él, pero tampoco habló; fue ella quien rompió el silencio:

—¡A esta hora!

—No he podido venir antes por una inaplazable ocupación.

—Inaplazable, porque yo soy para ti objeto secundario.

—Eres lo único para mí en la vida; por eso soy tan desgraciado.

—Tienes razón, la distancia que nos separa es inmensa.

—Cierto, el abismo que hoy nos separa es espantoso.

—¿Y por qué no lo viste antes? ¿Tengo yo la culpa de haber nacido noble y rica? Hiciste despertar mi corazón cuando apenas tenía quince años; en tres que han transcurrido, tiempo tenías de medirme y no hacerme desgraciada.

—Ingrata, injusta; y aún me insultas.

Se cubrió la cara con las manos y dejó escapar un sollozo en el que parecía salir el corazón. No pudo resistir el mancebo; le pidió perdones, la oprimió a su seno con delirio, y, a poco, charlaban como dos pájaros, sin acordarse de la nube que acababa de pasar, ni del cielo ni de la tierra; los dos solos formaban el mundo, y, reconcentrada el alma y los sentidos con el amante, no pensaban, únicamente sentían: estado dichoso en que el amor hipnotiza a los enamorados y les hace vivir, en instantes, una vida venturosa, reflejo, seguramente, de ese estado en que debe encontrarse el alma en el seno de Dios, después de la muerte feliz, según el sentir de los iluminados ascéticos[200].

Manuel le había llenado de flores el cabello y las faldas; y, de pronto, tomando una rosa blanca, dijo:

—Voy a ver si me engañas; haz la prueba con esta flor; y puso ademán severo.

La niña tomó la rosa y comenzó a arrancar hoja por hoja, diciendo en cada una «Me quieres», «no me quieres»... Rápido sacó un puñal y sin que Rosario tuviese tiempo de ni casi advertir el ademán sintió la muerte, cayendo al suelo en el último pétalo de la rosa.

....

[200] Un asceta es una persona que, mediante rigurosos ejercicios corporales y espirituales, pretende llegar a la perfección espiritual.

IV

¿Qué había sucedido para tan increíble y espantoso drama?

El hermano de Rosario era uno de esos perdidos que echan mano de lo que encuentran para sostener sus vicios. La mañana anterior al acontecimiento, Rosario, al lavarse las manos, se sacó el anillo que usaba habitualmente y lo puso en un lado del lavabo; se apoderó de la joya y salió el mozo al instante. Fue a la trastienda del estanco, y empeñó el anillo por fichas, para apuntarse en el monte que encontró tallando a Paredes.

Manuel, que no obstante estaba seguro del afecto de Rosario, ardía en espantosos celos, exasperado por las hablillas del vulgo y las calumnias del alabancioso[201] libertino, vio su anillo en el dedo de este, quiso rescatarlo a todo costo, le fue adversa la fortuna, y después, la catástrofe…

[201] Jactancioso, presumido.

QUIEN A CUCHILLO MATA, NO SIEMPRE A CUCHILLO MUERE

A. Gómez Jaramillo

Allá por el año de 1846, oscilaba la edad del maestro Felipe entre los 40 y los 43. Alto de cuerpo y bien formado, seco y sombrío de temperamento, más propenso a la violencia que a la reflexión, había equivocado seguramente el camino yendo a parar a una sastrería de la que era jefe y dueño, y no al temido cuartel de los tauras[202], gente peligrosa y terrible que, algún tiempo después, cometían al sol y a la sombra mil desafueros en esta ciudad de Quito, escudados con el santo y seña del *amo Querubina*, apodo hijo legítimo del cariño y de la ignorancia con que nombraban al general don José María Urbina.

Con el aire marcial con que un conquistador trazara en un mapa sus planes de conquista, medía el maestro Felipe las espaldas de sus parroquianos —¿qué pinganilla[203] de la época no lucía en Quito y aún en provincias

[202] Los tauras eran soldados de un ejército que conformó José María Urbina, presidente del Ecuador (1850-1856), para sostenerse en el poder por medio de la fuerza. Sus atropellos fueron innumerables, amparados por el poder del Gobierno.

[203] Persona de poca importancia.

esas hermosas casacas que untadas parecían al cuerpo por lo bien cortadas y medidas?—.

Con la buena entrada mensual en patacones, libres de todo gasto, que le caían al maestro Felipe, había podido redondear una fortunita, porque los gastos de su mujer y su suegra, únicos seres que con él componían la familia, aun con ser tantico exagerados, no eran para consumir toda la renta, ni los tres cuartos de ella. Y no por fachendosos[204] y gastadores estos dos seres, que le eran anexos y... cargantes, dejaban de olfatear y comprender que más agua entraba a la olla que caldo salía.

Dieron pues las dos mujeres en la tarea de buscar a escondidas el sumidero y —¿qué no son capaces de encontrar esas dos potestades unidas llamadas mujer y suegra curiosas?— llegaron a cerciorarse de la verdad y encontraron el hilito de agua. Siguiéndolo, fueron a dar con cierta casa de la Calle del Correo, donde vivía una tal Francisca, mocita prudente que no miraba muy detenidamente a los hombres, porque la caridad cristiana le había enseñado no hacer daño al prójimo, y quería evitar una caída o, si la insistencia de las miradas era mayor, hasta un desequilibrio cerebral.

El caído entre rosas y espinas y el desequilibrado en toda forma había sido desde algunos meses antes nuestro don Felipe, hasta el día en cuya noche ocurrieron las escenas que voy a narrar, escogiendo solo las del exordio y el epílogo, para dejar a las demás perdidas en la negrura de sus propias sombras.

***

Acababa de entrar don Felipe a un cuarto miserable construido en el último rincón de la mentada casa de

....

[204] Vanidoso.

la Calle del Correo, donde la Francisca se había visto precisada a esconderse de las indiscretas investigaciones de la mujer del sastre. La Francisca, tendida en el suelo y apenas cubierta con ligeras ropas, dormía con inquietud como si algún pensamiento cruel la torturara.

Don Felipe se sentó en un banquillo y se puso a contemplarla a la tenue luz de un farol, mientras que también en su alma se desencadenaba una tormenta terrible y sorda, que solo se le manifestaba en el temblor de las manos y en el relampaguear de los ojos.

Era la tormenta de celos encendidos por mano maestra, crecidos en materia propicia y soplados por un huracán. Al final de esa tormenta, debía ser vencida la piedad.

Una hora más tarde, se apagaba la luz del farolillo y se cerraba suavemente la puerta del cuartucho; un bulto embozado llamaba con dos suaves golpecitos a otra puerta de la misma casa, salía otro embozado, y, a poco, formando un grupo muy apretado y protegidos por la profunda oscuridad y la tenaz llovizna, se perdían esos dos bultos por la última de las sucias callejuelas de la loma grande.

Parecía que en la noche se hubiesen regado para más oscurecerla las sombras de la conciencia de un malvado.

Se abrió el tiempo. Los vientos susurraban alegres en las calles de Quito, murmurando la eterna invitación al esparcimiento del campo a la soledad, a la vida.

Cuatro guambras, de los que pueden dar quince y raya a los gamines[205] de París y los granujas de España, se solazaban echando una cometa al aire en los declives del

[205] Niño o muchacho que vivía en las calles de París y que se distinguía por su picardía.

Censo. La maldita cabeceaba como borracha y no quería subir más, a pesar del buen viento.

—Más rabo es lo que quiere —dijo uno de los muchachos, y se puso a buscar en el suelo un pedazo de trapo viejo.

Allí estaba uno, pero… muy grande… y medio enterrado. Había que sacarlo, llamando a los compañeros.

Ese trapito blanco que se levantaba al soplo del viento y volvía a caer llamando era el extremo de un envoltorio, y ese envoltorio contenía medio putrefacto el despedazado cuerpo de una mujer.

A todo se acostumbran las sociedades, hasta a los crímenes, cuando los respiran en la atmósfera, los beben en el agua y los ingieren en los manjares de cada día, en la mesa de la información periodística ajena casi siempre al rubor del crimen; mas nuestra sociedad de esa época patriarcal se conmovió hondamente con el inusitado asesinato.

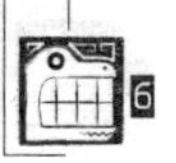

No les fue, pues, difícil a las autoridades la identificación del cadáver ni la captura de aquel que debía estar obligado a responder de la víctima. Altivo y tristemente sereno, cerró ese día la puerta de su tienda y se entregó a discreción de las autoridades.

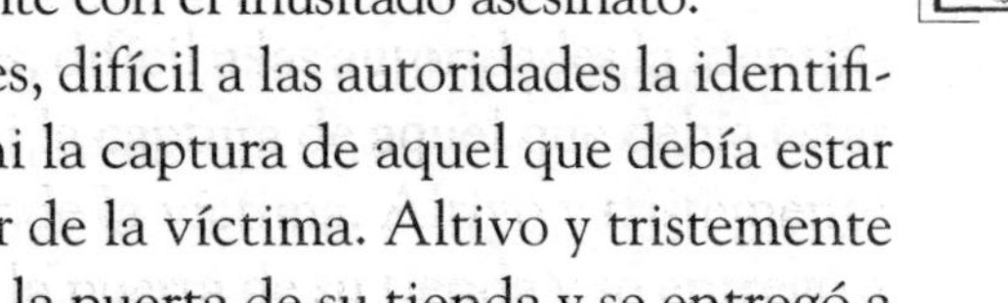

Como no era don Felipe hombre de urdir embustes ni mentir, se declaró autor de la muerte de la Francisca, no sin cerrarse a la más terminante negativa de dar a conocer los móviles de su desgraciado proceder. El maestro Felipe tenía fulminada contra sí la sentencia de muerte en la horca de Santa Clara, vendado él de los ojos y vestido de traje talar negro, después de cuya función pública, según costumbre piadosamente conservada, iría a parar su cuerpo a las torrentosas y negras aguas del Guayllabamba.

Varios sentimientos se sucedieron en el ánimo de don Felipe en los días de su prisión: primero la ira, luego una pena profunda que le volvió loco menos que inconocible y, por fin, un cierto género de estupidez e indiferencia para todo lo exterior. Cuando se le leyó la sentencia, pareció tranquilizarse y descansar.

Al día siguiente, sin embargo, hubo una reacción; un pensamiento hizo luz en su cerebro y se levantó de un salto de su banquillo. Había visto una cuerda en un rincón de su encierro y casi simultáneamente alzó la vista a una gran viga tallada y pintada que tres metros por encima de su cabeza iba de pared a pared sin tocar en el tumbado. De todos modos iba a morir, pensaba, y mejor era evitarse el contacto de la mano del verdugo y las lágrimas de los espectadores, dando por lo demás cumplimiento a las disposiciones de la justicia hasta en el género de la muerte. Se adelantaba diez días a la sentencia.

Mientras el maestro Felipe arreglaba su proyecto, cuya ejecución debía tener lugar en el silencio de la noche, pensemos en lo que él acaso no pensó: en que en el ceremonial del recibimiento de ultratumba podía haber ciertas diferencias, según que allá fuera con papeles visados por la autoridad, o de contrabando. En fin, allá él, que eso era cosa suya.

En un rincón de la prisión, antigua celda perteneciente al convento de franciscanos, había medio borrada una imagen del santo de Asís. A él se encomendó con toda su alma don Felipe, lanzó el cabo de la cuerda por encima de la viga, hizo un lazo corredizo al otro extremo y se lo aplicó al cuello; se subió al banquillo, levantándose sobre las puntas de los pies, aseguró el otro extremo de la cuerda, dio un empellón al banquillo… y aquí hubiera terminado todo con el vulgar suicidio, si tú, numen[206]

[206] Deidad que inspira al artista.

inspirador de *Las mil y una noches*, no vinieras a poner remate verdadera a esta ampliación histórica, para única satisfacción del pobre sastre, mas no para ejemplo ni escarmiento de nadie, pues la casualidad no debe ser consejera de ningún mortal en esta vida.

La viga escogida por don Felipe no resistió el peso de su cuerpo, chirrió con irrisión y se vino con el sastre al suelo; mas es cierto y averiguado que, al mismo tiempo, descendió sonando a pura gloria un chorro de onzas de oro de antiguo y legítimo cuño español con la efigie de don Felipe IV y con la consabida inscripción *Indiae et Hispaniarum rex*[207].

La viga hueca había servido para contener un tesoro probablemente escondido por los frailes, y se rompía en ese momento para dar vida y libertad y esperanzas al que acababa de despedirse de ellas.

Don Felipe compró su libertad a precio de oro en esa misma noche y, cargado de una fortuna, emprendió inmediatamente viaje a Lima. Vivió allí honradamente hasta que el tiempo prescribió su pena por la muerte dada a una mujer, y corrió por sobre el crimen y su memoria esa pátina que borra los perfiles de todos los acontecimientos humanos. Entonces volvió a Quito.

Solo una cosa no le quitó el oro: el recuerdo de la hermosa víctima y tal vez algo más que el recuerdo, porque el ya viejo sastre no caminaba a diez pasos sin volverse a mirar con inquietud.

[207] Rey de España y de Indias.

LA CASA DEL APARECIDO

C. M. *Tobar Borgoño*

Una disforme bandera de pueblo desconocida forma el gran valle al divisarlo desde la altura. Dos anchas fajas verdes separadas por una gris parduzca se alargan longitudinalmente en toda la extensión de la dilatada planicie. Las erupciones del cercano volcán han convertido el fondo de la cuenca en un desierto, color plomizo de ruinas, que viene a dividir la verde alfombra de las ricas regiones de los lados.

Inmensos peñascos arrancados de las crestas por la fuerza de las aguas en días de cataclismo; trozos enteros de montaña que los terremotos hicieron rodar; huellas de la lava que, calcinando el suelo, ha impedido toda vegetación: cantidades inconcebibles de ceniza y de piedra pómez, todo ello revuelto, constituyendo una desigual pero monótona superficie quemada e infecunda; parece, visto desde arriba, las ruinas de un pueblo, pero del pueblo más grande del universo.

Sin embargo, no todo es erial[208]. Allá abajo un riachuelo, un río en breve, se despeña retorciéndose sobre sí

[208] Desierto.

mismo, chocando con las rocas que han invadido su lecho y, lanzándose, por fin, entre torrentes de espuma y agua pulverizada.

A los costados se pueden divisar tenues líneas de una vegetación amarillenta y empobrecida y que no es otra que la formada por los raquíticos bambúes, zuros, totoras y otras especies que cubren los hediondos pantanos ribereños del impetuoso río.

Pero, si la parte baja del valle es tan lúgubre y sepulcral, las dos mitades que, en insensible plano inclinado, arriba se dilatan, parecen empeñarse en arrancar del viajero la melancolía que la contemplación de aquella debe de haberle producido. Hacia el oriente una planicie enorme y llana se extiende como limpia alfombra de verdura hasta donde la mirada del hombre no alcanza a divisar. Ni un árbol, ni una casa, ni una quebrada, ni siquiera una sinuosidad que venga a interrumpir la continuidad del paisaje o mancharlo con algo un poco más oscuro; ahí los rayos del sol no se quiebran como abajo, penetrando penosamente, mendicantes, a las profundas cavernas; acá se dilatan, se explayan y sonríen.

Al extremo, hacia el levante, una línea más oscura corta ese mar vegetal: es ya el ascenso a la cordillera que, igual y suave, va hinchándose poco a poco y cuyas zonas montañosas de bosque y matorral se dibujan con limpieza en perfectas rectas de distinto matiz.

Hacia el norte, por el contrario, el valle termina rápidamente, limitándose por una serie de peñascos, inconcebibles bloques graníticos cortados a pico y que semejan, a la distancia, un órgano inconmensurable cuya base se hundiera en el plano y cuyos enormes tubos acústicos se perdieran entre las nieblas que vagan siempre por la meseta del volcán.

Hay, sin embargo, un pequeño manchón que, ya cerca de estas peñas, va a dejar caer un punto oscuro en el alegre verdor del valle: es el caserío de la hacienda de los marqueses de N. o del Aparecido, como lo llaman las gentes del otro lado del plano.

Vivienda primorosa debió haber sido aquella. Parece más bien un castillo medieval, de esos que no hemos conocido en América, que una simple casa de campo.

Al occidente, mirando al valle, una fachada maciza de piedra perfectamente labrada y unida se eleva formando un conjunto que los golpes del tiempo no han podido disgregar sino en parte. Enorme puerta debió cerrar el parche abovedado y misterioso en cuyos ángulos el eco multiplica y aumenta el rumor de los pasos y el viento silba huraño en medio de la tenebrosa oscuridad que reina uniforme en aquel sombrío zaguán.

Terminándolo, se entra en un patio sin empedrar y del cual los espinos y jarales se han apoderado por completo; cuatro corredores de cerca de una cuadra de extensión cada uno lo limitan por los lados. Verdes baldosas de piedra cubierta por densa capa de humedad pavimentan estos últimos. Los carcomidos pilares en que se sustenta la ya destruida cubierta demuestran, así como todas las otras partes del edificio, que ningún ser viviente se ha preocupado, mucho tiempo acá, en limpiar o visitar al menos esa añeja y señorial mansión.

Las habitaciones presentan el mismo aspecto de mustio desamparo: trozos podridos de tapicerías que aquí y allá penden de las carcomidas murallas, residuos de muebles que han debido ser de valor inestimable, restos de lámpara y hasta de blasonadas[209] chimeneas, desechos de la rapiña de los labriegos.

Pero, si en todo se refleja el abandono más completo, no puede menos de adivinarse también la riqueza de los señores que en un tiempo habitaron aquel retiro escondido, como oculto en un ángulo de ese inmenso valle, cuyo extremo más lúgubre parece buscado exprofeso[210] por el arquitecto para levantar en él un edificio todavía más melancólico que las peladas rocas vecinas que quedan.

A excepción de un monstruoso lecho primorosamente tallado y de un enorme Cristo de semblante adusto y carcomido por insectos, hasta hace algunos años nada habían ya dejado el tiempo, la humedad, los temblores y hasta el hombre, elementos todos coaligados para el desbaratamiento de la señorial vivienda; sin embargo, el hombre menos, pues se necesitaba mucho valor y mucha despreocupación para atreverse a entrar ahí. Los únicos seres humanos que alguna vez pasaban por la llanura eran los vaqueros; pero, aún ellos, cuando se veían precisados a acercarse a la medrosa casa, lo hacían alejándose lo más posible o lanzando en precipitada carrera sus caballerías: tal era el temor que ella les producía siempre.

¿Por qué? Es lo que vamos a referir.

Allá, por el siglo antepasado[211], llegó de España un marqués en compañía de su esposa, un fiel criado, dos mastines y un centenar de grandes bultos.

....

[209] Que se distingue por su heráldica, la que muestra un linaje digno de ser expuesto.

[210] Exclusivamente.

[211] Toma en cuenta que esta leyenda se redactó en el siglo XX. Entonces, si el narrador habla del siglo antepasado, nos remite al siglo XVIII, cuando aún América era colonia española.

El tal marqués era un hombre entrado en años pero viril y fuerte aún; el largo bigote encanecido, la perilla cuidadosamente atusada y terminando en aguda punta y la correcta nariz aguileña le daban todo el aspecto de uno de los caballeros de capa y espada, de uno de aquellos señores de Flandes que tan célebres se hicieron por su valor y por el arte de manejar el invencible acero.

La esposa, excesivamente joven, acusaba a lo sumo diez y ocho años, pareciendo más bien nieta que compañera del caballero advenedizo.

Ellos fueron quienes, después de recorrer el valle y adquirir a precio de oro, tomaron posesión de aquella hacienda, y ellos mismos los que, empleando verdaderas legiones de trabajadores, levantaron la casa aquella cuyas ruinas hemos descrito.

Magníficos salones repletos de valiosos objetos de arte y ricos muebles, espaciosas estancias, en donde, adelantándose a su siglo, el gusto más exigente podía hallar la mayor comodidad imaginable, lujosos gabinetes, en fin, un edificio hecho para una vida solitaria, pero sin que nada dejara desear.

Terminada la construcción y retirados los obreros, los dueños se trasladaron a ella y desde entonces nadie pudo descubrir la clase de vida que llevaban ni tampoco amistarse con ellos.

El señor y el viejo criado, tan impenetrables uno y otro, eran los únicos que, de cuando en cuando, asomaban hacia fuera del siempre entornado portalón. Muchas veces los campesinos quisieron averiguar su procedencia al sirviente, pero jamás obtuvieron respuesta; ni siquiera, cosa rara, lograron hacerle aceptar el menor obsequio en las tentadoras tabernas del otro lado.

El amo solía, a veces, salir por la tarde envuelto en su capa y seguido de los dos mastines, efectuando así, solitario y pensativo, largos paseos que terminaban a avanzadas horas de la noche.

En otras ocasiones, montado en brioso corcel, llevaba a cabo arriesgadas cacerías de pumas, osos o puercos salvajes, o, dejándose arrebatar por un frenesí temerario, lanzaba el caballo en carrera desenfrenada por alguna pendiente con peligro de quedar de repente sepultado en una de las grandes quebradas que cruzan por junto a la base de las rocas limitadoras del valle. Entonces se recogía a la caída del sol, chirriaban los cerrojos y la casa quedaba como muerta.

Siempre que algún vecino pretendió, llevado de la costumbre, visitar a los misteriosos huéspedes, los dos enormes perros hacían, en seguida, desistir de tan urbanos propósitos.

Pero si todo esto atraía, y mucho, la curiosidad de los campesinos, lo que les escandalizaba sobre manera era que jamás, a no ser un día al año, asistían a la iglesia. Solo el 15 de agosto, fiesta de la Asunción de la Virgen, era el único en que se veía a la hermosa marquesa que, escoltada por su esposo y el viejo paje, se dirigía a la parroquia a la hora de misa: mas, no todos la oían, solo la señora entraba a la casa del señor; el marqués y el criado permanecían durante el tiempo de las ceremonias en un banco que había frente a la puerta del templo.

Al terminar los oficios, la misma reserva e igual apartamiento de los campesinos, la marquesa se ponía entre los dos varones y luego la puerta de la tétrica vivienda se cerraba tras de ella hasta el año cabal.

Mil variadas e inverosímiles fábulas circulaban acerca de tan extraños personajes: unos creyeron que el marqués era un raptor de la joven que pasaba por esposa suya y que, buscando un lugar donde tenerla oculta, la había conducido a aquel apartado desierto; otros decían ser él un criminal político que, escapándose de España, vino a refugiarse ahí; tal otro lo supuso allegado del rey, y a quien fracasos cortesanos lo impulsaron al alejamiento más severo; por fin, los menos fantaseadores lo tuvieron simplemente por un celoso terrible hasta el punto de rayar en los límites de la demencia; pero, de cierto, nadie sabía otra cosa, sino la de que tan extraño personaje era hereje, pues su aversión a la misa así lo manifestaba.

La mujer del sacristán que una vez, el Día del Tránsito, estuvo en la iglesia cerca de la marquesa, aseguró después que, durante toda la ceremonia, la vio llorar angustiosamente. Desde entonces, los labriegos hicieron una salvedad en ella del odio con que envolvían a todos los herejes.

Cinco años habían pasado y, con ellos, las murmuraciones disminuido. Acostumbrados los vecinos al extravagante modo de ser de los herejes, ya no les llamaba la atención lo que ellos hicieran, y les dejaban vivir sin preocuparse en lo mínimo, ni murmurar de sus costumbres.

Sin embargo, un día, las conversaciones y el odio contra ellos se reanimó en el pueblo y todos repitieron los inverosímiles cuentos ya echados al olvido.

Por ahí, a principios de agosto, se presentó en la población el hijo de uno de los más ricos vecinos del lugar.

Joven y elegante, el recién llegado regresaba después de larga estadía en la Península, a donde su espíritu aventurero lo hizo arribar en ocasión propicia para tomar parte en la guerra contra el archiduque don Carlos, cosa que le habría producido mayor provecho si hubiera sido de una estirpe menos baja que la suya.

Galante aventurero, con el brillo además de haber pisado la madre patria y militado en los reales ejércitos de Felipe V, el mozo aquel, José Aráuz de nombre, se creía capaz de conquistar un mundo y no solo el corazón de una mujer, por más que ella fuese marquesa y casada con un oso tal como el hereje.

Desde el momento en que el 15 de agosto la vio entrar a la iglesia, se enamoró de ella con fuego tan rápido como que era un mucho artificial. A la conclusión de la misa, se apresuró a salir tras ella y aún la siguió hasta la alejada casa.

Nadie se preocupó en aquel día de José Aráuz, ni su familia tomó de nuevo el desaparecimiento del aventurero. ¿Cuál sería la admiración de los vecinos cuando, al día siguiente, se vio entrar por la calle larga al marqués hereje, seguido de sus perros, trayendo sobre el hombro el ensangrentado cadáver de José Aráuz?

Una vez en casa del alcalde, y en presencia de la numerosa concurrencia, que atraída por la curiosidad había acudido, declaró que él había muerto con propia mano a aquel hombre por haberlo encontrado penetrando sorpresivamente y durante la noche a su casa. Dicho lo cual y suscrita con las formalidades del caso la declaración, se retiró sin parecer fijarse siquiera en los campesinos que, coléricos y admirados, le rodeaban amenazadores.

El alcalde expuso a aquellos buenos hombres cómo nada podía hacer para vengar la muerte del joven, por cuanto las leyes protegían al señor, autorizando su proceder, toda vez que Aráuz había violado, durante la noche, un domicilio cuya entrada no le era permitida.

Por lo demás, los herejes no parecieron preocuparse del sangriento incidente y continuaron su habitual vida como si tal cosa no hubiese ocurrido, solo que en los años posteriores ya no volvieron las gentes a verlos ni por el Día del Tránsito en la iglesia.

Después de algún tiempo, los vecinos, pasada la impresión que la muerte de José Aráuz les produjo, principiaban a olvidarse de nuevo de la existencia de los marqueses, cuando un hecho, mucho más trágico que el anterior, vino a despertar a vez la imaginación de los campesinos y a engolfarlos[212] en leyendas, de esas que sobreviven a las generaciones que las crean.

***

Frente por frente de la sombría casa del marqués, al otro lado del valle y con el torrente por delante, se levantaba una sencilla morada, propiedad de la hacienda colindante con la del hereje.

Si una de las casas era lóbrega y severa, la otra era alegre y risueña, parecía regocijarse más en comparación con la fúnebre apariencia de la fronteriza.

Su poseedor, el joven hidalgo de R., la había heredado en junta de la hacienda, y, desde una vez que estuvo ahí con sus padres, no volvió a vérsele en el plano.

Hacía ocho años que los herejes habitaban el valle, cuando llegó el vizconde a visitar sus propiedades.

Interesado por todo lo que a sus dominios atañía, interrogó de quién era la posesión del otro lado del río; a la pregunta, los labriegos no tuvieron mucha pereza en referirle el sinnúmero de fábulas que acerca del mar-

[212] Meterse en un asunto y en un pensamiento totalmente.

qués habían circulado, incluso la verdadera historia de la muerte de José Aráuz, después de un último día en que los herejes estuvieron en la parroquia.

Le impresionaron al joven tan tenebrosos cuentos, pero especialmente los encomios que de la hermosura de la marquesa se hacían y, seguro de que era una víctima de los brutales celos del viejo, se interesó desde aquel momento por ella y se propuso hacer los mayores esfuerzos por conocerla.

Valiente, como buen hidalgo, se ciñó la espada, se terció la capa y con el chambergo[213] a los ojos se dio a rondar la apartada y silenciosa mansión del marqués.

Dos o tres veces que se encontró con este cruzó un ligero saludo, indispensable entre gentiles hombres que conocen la etiqueta; pero luego, habiendo repetido las excursiones, el viejo, como si le desagradara la presencia del hidalgo, esquivó el volver a tropezar con él, y, hasta alguna vez, que contra su voluntad se encontraron, la atención se omitió de común acuerdo, sin que uno ni otro pareciera extrañarse por ello.

Lo cierto fue que el vizconde halló soberanamente antipático a aquel viejo nervioso y cruel, cuya figura harto se prestaba a las tenebrosas ficciones de que se le hacía protagonista; y por lo que toca al marqués, juzgó este muy molesto que aquel hombre bien plantado y joven frecuentase las cercanías de su mansión.

Fue una tormentosa noche del mes de octubre, el rayo alumbraba de vez en cuando el horizonte enrojecido y el trueno repercutía indefinidamente en las innumerables quiebras de los gigantescos Andes. El marqués

....

[213] Especie de casaca que se usó principalmente entre algunos regimientos en la época de Carlos II.

salió por la tarde anunciando que iba de caza. Lo esperó la marquesa hasta las once, pero viendo que no llegaba y acostumbrada a esas extemporáneas excursiones del esposo, se acostó en el gran lecho después de llorar y rezar largo rato de rodillas al pie del disforme Cristo colocado en el mismo dormitorio, en frente de la cama.

Apagada la luz, la lamparilla de noche aclaraba apenas la enorme pieza, yendo a producir movedizas sombras que hacían más medrosa la enorme escultura ante la cual la joven había orado.

Huía el sueño de sus párpados y el alma recogida por el miedo sentía apretársele contra el cuerpo: lloraba la hermosa niña y la almohada se hallaba empapada ya con sus abundantes lágrimas.

La lluvia, mientras tanto, golpeaba descompasada y perezosamente los cristales; a veces, una ráfaga de viento, arreciándola, producía ruidos que repercutían en los espaciosos ángulos de la casa. El aire penetraba por entre las junturas de la ventana, yendo a levantar las pesadas cortinas que ante ellas caían y que, cortando la tenue luz de la velada lamparilla, aumentaban las inquietas sombras que parecían horripilantes figuras animadas.

La joven, a cada golpe de viento, abría los ojos y, temerosa y sobrecogida, seguía ansiosa con la vista las evoluciones de esas fantásticas quimeras.

Otras veces ocultaba su cabeza bajo las sábanas; pero, luego, una fuerza irresistible le impulsaba a mirar de nuevo, con los ojos muy abiertos, los misteriosos seres que cambiaban de forma a cada instante y que parecían esas ánimas de las leyendas que, escapadas de los sepulcros, atemorizan a los vivos.

Hacia fuera se oía el rudo estridente de los cristales del invernadero al cortar con sus agudos ángulos la veloz corriente del aire y, sobre todo, un murmullo como de oración, apenas rumoreada por un conducto subterráneo.

La marquesa temblaba, y sus ojos, cansados de llorar, se negaban ya a proporcionarle más lágrimas, cuando, de repente, un ruido mayor que los otros vino a hacerle abrir aún más los párpados: alguien andaba por ahí, no cabía duda... pero un crujido de la ventana seguido de otro de la mesa próxima alejaron su temor de que algún ser viviente hubiera penetrado en la casa.

Se cree que cuando tales ruidos se perciben, son almas en pena que demandan auxilios a los de la tierra; por eso, la marquesa rezó, rezó de nuevo con un fervor como nunca antes lo había hecho, juntando las manos y apretándolas nerviosamente por debajo de las sábanas; mas... algo extraño y horrible sucedía en la casa: ruidos desconocidos e inexplicables se oían por aquí y por allá, el armario, el cofre, el lecho mismo y hasta el Cristo crujían estrepitosamente como si fueran a desarmarse y a volverse añicos. Un instante después, el gran libro de oraciones que quedó en el reclinatorio cayó haciendo también un ruido seco al descompaginarse contra las desnudas baldosas del dormitorio.

No pudo más la joven que, sobresaltada y delirante ya, pretendió incorporarse para huir de esa mansión terrible, para escapar a esa persecución de los espíritus; pero un grito se le escapó de sus labios y volvió a caer desfallecida sobre las almohadas del lecho: una sombra indecisa avanzaba lentamente hacia ella, reflejando y absorbiendo en sí todos los escasos rayos de la lamparilla, y se le acercaba siempre, poco a poco; la marquesa le veía aproximarse sin poder hacer un movimiento ni menos huir de tan espantable fantasma, de esa sombra que tenía rostro, cuerpo y que, sin embargo, no era nada. Después sintió que eso que veía ella y que parecía un hombre de ultratumba, se inclinaba hacia el lecho y que algo muy frío, con unos labios de cadáver, se posaba sobre su frente. Hizo un esfuerzo último para escapar de aquel muerto —porque, indudablemente, era un muerto—, pero cayó desvanecida al suelo.

***

¿Transcurrieron muchas horas? ¿Solo algunos minutos? No lo supo.

Un grito rabioso, una voz brutal de furia que le era harto conocida llegó hasta ella, allá a lo más profundo donde su alma se había ocultado y la despertó del sopor en que cayó al pretender huir de la cama.

—He muerto a tu amante; he aquí su corazón. Ahí lo tienes —le gritó.

Era el viejo marqués que, en efecto, le mostraba un trozo de carne fresca que todavía chorreaba sangre.

—¡Amante! ¡Muerto!... —balbuceó ella sin comprender nada, sin siquiera pensar en lo que decía, cuando el marqués agregó:

—Sí, el corazón del mozo aquel que te rondaba y a quien he muerto con mi mano porque sospechaba que fuese tu amante, tal por aquí lo había visto y que al morir a mis estocadas me ha declarado que sí, que por ti venía siempre hacia acá, aunque no te conocía... ¡Valiente farsa! Amar sin conocer... He aquí su corazón. Míralo. ¡Qué poca cosa era!

Y al decir esto arrojó aquel sanguinolento pedazo de carne al rostro de la estupefacta marquesa, que no comprendía nada de lo que el viejo le decía, que no sabía quién era el tal mozo y que buscaba en su memoria quién podía ser. Empero su admiración no pudo durar largo tiempo porque, a una furiosa patada del marqués, fue rodando hasta los pies del Cristo, en donde una serie de crueles puñaladas la hicieron lanzar el alma con un gemido.

Al día siguiente, un vaquero encontró el mutilado cuerpo del hidalgo oculto entre la maleza.

Se apresuró a dar aviso al alcalde, quien, trasladándose al lugar del crimen, constató la profanación que en el cadáver se había hecho arrancándole el corazón. Manchas de sangre le indicaron el paso del asesino y, cuando en nombre del rey golpeó la puerta del caserón, el marqués no se hizo esperar mucho tiempo: se presentó seco, severo y envuelto en su capa y con otro albo cadáver en los brazos.

—El uno habéis encontrado —dijo a la curiosa y asustada multitud que había seguido a la autoridad—. El otro, aquí lo tenéis, os lo entrego. Mas un hidalgo no puede nunca, sin deshonor, ser aprehendido vivo por la justicia. He resuelto, pues, que sean tres los nuevos huéspedes del cementerio.

Esto diciendo y antes de que nadie se atreviese a impedirlo, se arrojó sobre su espada afianzada fuertemente contra el enlosado.

Desde aquel día la casa quedó deshabitada; las puertas abiertas, sin que nadie se atreviera a violar aquella morada maldita.

Los campesinos creían ver hasta hace pocos años así el alma del réprobo que circulaba por entre las nubes, como la mancha de sangre negra que ensuciaba las losas del portal.

La última erupción del volcán, arrastrando consigo el edificio, ha borrado también la leyenda.

EL CUCURUCHO DE SAN AGUSTÍN

Cristóbal de Gangotena y Jijón

Vivía allá por los años de 1650, en esta muy noble ciudad de Quito y en la calle que hoy llama el pueblo El Cucurucho, en las solariegas casas de su morada, un noble español, don Lorenzo de Moncada, natural de Madrid, y casado en Quito con una señora tan linajuda como él, doña María de Peñaflor y Velasco.

De este matrimonio, quinta esencia de la *crème*, como se dice, nació doña Magdalena de Moncada y Peñaflor, una de esas trigueñas que quitan el resuello y que van derramando sal por donde pasan.

Tenía don Lorenzo como administrador o mayordomo de sus cuantiosos bienes a un tal don Jerónimo de Esparza y García, hidalgo español que, habiéndose metido en negocios infructuosos, había quedado como el santo padre Job, tan pelado que no le quedaba sino manos para rascarse el escozor de haber perdido su hacienda. Don Lorenzo de Moncada, hombre caballeroso, había recogido a su paisano don Jerónimo en la seguridad que entonces se tenía de que un hijodalgo había de hacer las cosas, por mal que las hiciera, mejor que un

pechero[214]. Así también, el pobre hombre, que no tenía sino su ejecutoria, no se moriría de hambre con su hijo don Pedro, y la madre de este, doña Josefa Piñera, con quien años atrás y haciendo una *mesalianza* se había casado don Jerónimo.

El administrador y su familia estaban siempre en casa de don Lorenzo y sucedió... ¡pues hombre! ¡Sucedió lo que era de cajón! Que doña Magdalena, con sus fogosos quince años, le cobró afecto a don Pedro, real mozo de veintitrés, a quien le iba la gorguera[215] de las maravillas y cuyos nacientes y atusados bigotes tenían no sé qué de conquistador... Don Pedro no fue tampoco insensible a las flechas de Cupido, y menos que doña Magdalena era necesario para que él se enamorara de ella perdidamente. Ya he dicho que Magdalena era lo que se llama una chica de rechupete y de no hay más allá.

Se vieron, se hablaron, se entendieron y, en fin, se amaron con ese vehemente amor propio de la edad que ambos tenían.

Por algo se dirá que en donde hay fuego hay humo: algún tufillo sospechoso habría husmeado doña María de Peñaflor, pues a poco se dio cuenta de lo que pasaba con su hija. A punto, la buena señora participó el descubrimiento a su esposo, quien no pudo menos que indignarse al saber que el hijo de su favorecido pretendiese a Magdalena. Se resolvió a hablar a la niña, y al punto hizo comparecer a esta ante el terrible tribunal compuesto por él y doña María.

La autoridad de un padre de familia, en aquella dichosa época, era para un hijo así como la autoridad de

214 Plebeyo.

215 Adorno para el cuello, hecho de lienzo plegado.

Dios, y sus palabras una sentencia sin apelación. Hechas estas consideraciones, puede el lector juzgar lo temblorosa que se presentaría la pobre doña Magdalena ante su señor y padre. El rubor que cubría sus mejillas bien daba a entender que ella sospechaba las causas del paternal llamamiento.

Don Lorenzo increpó duramente a su hija el tener lo que él llamaba «sentimientos tan bajos», y declaró que al punto echaría a la calle a don Jerónimo, ya que su hijo había tenido la osadía de poner en ella los ojos. Nada valieron las negaciones de su hija, las lágrimas y súplicas de doña Magdalena para ablandar a su padre, y no teniendo otra cosa que hacer, otro recurso, se retiró la niña a su aposento a llorar, único consuelo que las mujeres tenían.

Don Lorenzo, que era hombre expeditivo, en seguida hizo saber su resolución a don Jerónimo de Esparza, quien, renegado de su hijo, hubo de dejar su oficio.

Doña Magdalena siguió llorando y consumiéndose, sin salir sino a misa con su madre, a la próxima iglesia de los frailes agustinos, modesta pero ricamente vestida, cual convenía a su rango y calidad, con su faldellín redondo de paño, lleno de cintas, su mantón ricamente bordado, cuyo color armonizaba con el del faldellín, y sus zapatitos, también de paño pero negros, rebajados sobre la media blanca de seda.

Privados de verse como antes, a todas horas, en casa de don Lorenzo, doña Magdalena y don Pedro se veían furtivamente en la iglesia: ella, arrodillada en su estrado cubierto de rica alfombra fabricada en Latacunga, que tras ella traía una negra esclava, y él apoyando en una de las pilastras que sostenían la bóveda del templo. Alguna vez que doña Magdalena iba sin su madre, don Pedro la esperaba en la puerta y le ofrecía agua bendita a la salida…

Esos amores no podían durar así. Sobre todo, haría la vista gorda don Lorenzo, menos sobre la falta absoluta de fortuna de don Pedro: este así lo comprendía y por ello se devanaba los sesos buscando un medio de adquirir riquezas para llegar a la meta de sus aspiraciones.

En aquel heroico tiempo en que con tantas y tan famosas hazañas se ilustraban nuestros mayores, se organizaba la expedición de don Martín de la Riva y Agüero a las provincias del Oriente. Nuestro don Pedro, deseoso de ganar nombre y fortuna, se alistó bajo las banderas de este capitán y, tras una misiva de despedida a su adorada doña Magdalena, partió para las desconocidas tierras que bañan el Marañón, lleno de ilusiones con las protestas de fidelidad de su amante.

Como es sabido, la expedición tuvo un fin desastroso, y muy pronto se supo en Quito su entera destrucción. Corrió la voz de la muerte de varios individuos que la compusieran: entre los muertos se contaba don Pedro de Esparza.

Doña Magdalena lloró desconsolada por su cuasi novio, pero, al fin y al cabo, las lágrimas se agotan cuando se tiene quince años, no se puede vivir llorando.

En esto, llegó de España un hijodalgo, segundón de solar desconocido, gallardísimo mozo y que, a falta de hacienda, traía muchas esperanzas de adquirirla, ya que venía recomendado con mucha particularidad al virrey y a la Audiencia. Era el tal hidalgo el señor don Mateo de León y Moncada que, por su madre, tenía deudo con el padre de doña Magdalena, don Lorenzo.

Guapo como era, rumboso y elegante, recientemente salido de la Villa y Corte, no pudo menos de gustar a don Lorenzo para yerno, de manera que su propuesta de matrimonio con Magdalena fue aceptada por los padres de ella con sumo agrado.

Aquí es necesario que recordemos, lector amigo, una vez más, lo que era la autoridad paterna en aquellos tiempos. A doña Magdalena le impusieron el novio, y ella tuvo que aceptarlo, aunque tuviera muy viva la memoria de don Pedro. Ella, para decir verdad, lo aceptó solo porque sabía la muerte de su amante, que, de saberlo vivo, preferiría meterse en un convento. ¡Ya lo creo!

Se fijó el día del matrimonio para un sábado 27 de marzo de 1655, por la noche.

Se encontraba la víspera doña Magdalena ocupada en arreglar su equipo, cuando una esclava suya le entregó una esquela. La abrió la niña y no se desvaneció, porque entonces no se usaban los vapores, pues de estar como ahora a la moda, no dejaría de hacerlo, ya que, por ello, en verdad, había razón muy sobrada. La esquela decía así:

> Señora y mi dueña:
> Sé que mañana os casáis con un guapo mozo que os vale. Me creíais muerto, y aún vivo para adoraros. ¿Consentiréis en que os vea esta noche en vuestra reja? Os besa los pies.
>
> Don Pedro de Esparza

No hay para qué ponderar lo que sentiría doña Magdalena a la lectura de esta carta: un rayo que a sus pies cayera no le causara mayor espanto. Vivía su don Pedro, a quien tanto había querido, ¡y mañana iba a ser de otro! ¿Qué hacer en trance tan difícil? ¿Cómo romper el compromiso? ¡Qué escándalo se formaría!... Y luego... su padre, su honor... Decididamente, no era posible... La fe que debía guardar al que mañana sería su esposo le prohibía ver a don Pedro en la reja.

Con el alma destrozada, tomó la pluma de ave y contestó así:

> Mañana, como sabéis, me caso: no me pertenezco ya, don Pedro. Vos mismo lo habéis querido así, ya que me habéis dejado creeros muerto. Mi honor me prohíbe hablaros. Olvidadme. Adiós.
>
> Magdalena

Esta carta, cuyas palabras querían mostrar indiferencia, llegó a las manos de don Pedro, empapada en las lágrimas de la niña.

Por fin amaneció Dios el día en que habían de juntarse los destinos de doña Magdalena de Moncada y de don Mateo de León, día aciago para la novia, cuyo amor por el antiguo amante había renacido más vivaz al saberlo en este pícaro mundo.

Era costumbre de nuestros abuelos el que la niña que se casaba, el día de su matrimonio, repartiera por propia mano limosnas a los pobres que se presentaran en su casa. Este acto de caridad se hacía con el objeto de impetrar del cielo la felicidad para el nuevo hogar.

A casa tan rica, tan linajuda y de tantas campanillas como la de don Lorenzo de Moncada, no hubo, como es de suponer, pobre que no acudiera: fue todo el día una procesión de mancos, ciegos, tullidos; allí se vio cuánta miseria nos legó nuestro padre Adán. No hay para qué decir que los vergonzantes, como ahora los llamamos, y que entonces eran conocidos con el nombre de cucuruchos, por su vestido talar y la amplia capucha que les cubría el rostro, no faltaron a la cita.

La novia a todos y a cada uno de los que se presentaban entregaba un patacón, pidiendo a Dios que le hiciera olvidar a ese don Pedro que le bailaba en el alma...

Ya entrada la tarde, se presentó un cucurucho, al tiempo en que doña Magdalena se preparaba su tocado.

No quiso la niña dejar al pobre sin su limosna y, abandonando su espejo, bajó a dar la última caridad del día y, ¡cosa curiosa!..., el cucurucho tenía la misma estatura de don Pedro de Esparza... sí, su mismo cuerpo..., pero... ¡ilusión debía ser!...

Doña Magdalena, sacando de su escarcela una moneda, se acercó al mendigo, alargó su mano; el cucurucho avanzó y, febrilmente, sacando un puñal de entre los pliegues de su hábito, lo clavó en el pecho de la novia... Esta dio un grito y cayó muerta... El asesino huyó a la calle... Los criados se precipitaron al auxilio de su ama, otros fueron en busca del asesino, pero no fueron lejos: casi al frente de la puerta de la casa, apoyado en el muro del convento de San Agustín, vieron a don Pedro de Esparza con el hábito de cucurucho, la capilla tirada a la espalda y el puñal en la mano. La guardia acudió a los gritos de «¡Favor al rey!» y don Pedro fue conducido a la cárcel de corte.

Tal es la leyenda que el pueblo quiteño ha conservado, llamando a la cuarta cuadra de la Carrera Flores el Cucurucho de San Agustín.

EL DESCABEZADO DE RIOBAMBA

Cristóbal de Gangotena y Jijón

En los años fatídicos de 1814 o 1815, como lo sabe un niño de teta, los patriotas andaban a salto de mata.

Riobamba, en aquella época, era por las noches lo que eran todas las villas y lugares de por aquí: una boca de loco de mala conciencia.

Sonaba la media noche, hora en que brujas y almas en pena salen a hacer de las suyas por estos trigos, cuando se oyó el galope de un caballo. Como en aquel tiempo cada hijo de vecino dormía con un solo ojo, en expectativa de las nuevas de la guerra, los riobambeños se echaron a medio vestir a las ventanas, creyendo sería algún posta que traía noticias al corregidor, mas se quedaron clavados de terror en el sitio. ¡El asunto no era para menos! Lo que veían no era cosa de este mundo: era sin duda el alma condenada de algún insurgente...

Sobre un caballo negro iba un jinete, un hombre sin cabeza: le cubría el cuerpo un poncho negro como el caballo, y llevaba calzón negro.

El Descabezado fue al día siguiente el tema obligado de la conversación de los riobambeños que, al encontrarse en la calle, se preguntaban:

—¿Sabe Ud. la novedad, don Fulano? ¡Pues anoche por poco me quedo muerto! ¡Figúrese Ud. que vi al Descabezado!...

—Para mi santiguada que debe ser el alma de alguna mala época que anda recogiendo sus pasos de pícaro en la tierra.

El Descabezado hizo su primera aparición un sábado: el sábado siguiente la cosa se repitió y así todos los sábados. A los riobambeños ya no les llegaba la camisa al cuerpo pensando que, pues el Descabezado venía del campo y se volvía al campo después de un largo paseo por la ciudad, algún maleficio debía estar tramando en ella. Cada títere con calzones o con faldas creía tener la espada de Damocles[216] suspendida sobre la coronilla.

Dejemos por un rato a los turulatos vecinos de Riobamba, y nosotros, que no le tenemos miedo, sigamos al pavoroso fantasma.

Desde que Juvenal[217], en la antigüedad clásica, dijo: «*Nulla fere causa est, in qua non femina litem moverit*[218]», se sabe que, en todo misterio, no hay faldas de por medio. Si recordamos que:

En vano más de una vez
se sigue al crimen la huella

....

216 Al parecer, Damocles fue un cortesano de Dioniso II de Siracusa. Se caracterizaba este hombre por su carácter adulador y por promulgar por las calles que Dioniso era el hombre más afortunado del mundo. Cansado de la adulación de su cortesano, este lo invitó a ocupar por un día su lugar. Al final de las celebraciones y banquetes, Damocles se dio cuenta que sobre el trono y sobre su cabeza pendía una espada sostenida solamente por un pelo de una crin de caballo. Esto quiere decir que la espada de Damocles hace ver a los hombres que su estabilidad, e incluso su vida, penden de un hilo.

217 Poeta satírico romano que hizo blanco de sus burlas a sus contemporáneos (siglo II d. C.).

218 Apenas hay una causa en la que una mujer no haya provocado el litigio.

por no preguntar al juez
¿quién es ella?

Y, aprovechando la lección que encierran estos versitos de Bretón de los Herreros, nos preguntamos ¿quién es ella? Pronto daremos, a las afueras de la ciudad, con una casita, y en ella, con una hija de Eva, de esas del chupe, de esas a quienes provoca decirlas con Espronceda[219]:

Tienes un *boquitris*
tan *chiquitirris*
que me lo *comeriba*
con *tomatirris*.

¡Y hasta sin salsa era de comerse esta!

Si nos quedamos en el umbral de la casita a la hora en que, al oír el galope del infernal caballo negro, se les paran los pelos a los timoratos vecinos, veremos penetrar al fatídico animal en el patio de la casita y apearse el Descabezado tranquilamente de su cabalgadura. Se quita el poncho negro y el misterio se aclara. Vemos que el Descabezado tiene cabeza, una cabeza que lleva un sombrero de fieltro duro, de esos que usan los indios, con las alas bajas y sobre las que reposaba el poncho. En la escalera está la mocita que, como ya he dicho, es un manojito de claveles.

Dejándonos de hablar en parábolas, narremos la historia con sus pelos y señales.

Cura era del pueblo de San Luis, contiguo a Riobamba, el doctor… (¿Quieren ustedes que lo llamemos Pedrosa?) el doctor Pedrosa, hombre de muy buenas

…………………………

[219] Poeta español (1808-1842), considerado como el máximo representante del Romanticismo español.

prendas, y decidor y galante si los hay, distinguido por su calidad, y que de clérigo no tenía más que la sotana.

¿En dónde conoció el doctor Pedrosa a Mariquita Fuentes? No tenemos para qué averiguarlo, ni viene a cuento. Bástenos saber que el doctor Pedrosa supo engatusar tan bien a la muchacha que en breve la chica capituló la fortaleza, se rindió y... ¡voló la paila!

El cura, que no era bobo, se puso a excogitar el medio mejor de ver a su Dulcinea sin escándalo, y ninguno halló más apropiado que el de fingirse aparición de la otra vida. Montaba, pues, en su pueblo, en el caballo negro *y se cortaba la cabeza* en el camino, poniéndose el poncho encima del sombrero. En esta figura daba unas cuantas vueltas por las calles de Riobamba, asustando a la gente, a la que más gana le venía de atrancar la puerta y meterse en el último rincón que de seguirlo, y luego, pacíficamente, como hemos visto, entraba libre de inquietudes en el *Sancta Sanctorum*[220] de sus delicias.

Lo mismo hacía para volverse a su presbiterio y... ¡Hasta más ver!

***

Entre tanto, el Descabezado seguía siendo el coco de los riobambeños. No había quien se atreviese a poner la nariz fuera de casa los sábados por la noche, aunque se le estuviera muriendo la suegra.

Mas el diablo, que siempre paga mal a sus devotos, le metió en la mollera a dos mozos alegres, de esos que son capaces de hacerle una volada hasta al Santo Padre de Roma, el cerciorarse de si era aquel Descabezado de este o del otro barrio.

....

[220] Lugar santísimo.

Vivían nuestros calaveras[221] frente a frente y, para lograr su intento, decidieron templar una cuerda de una ventana a la otra, a través de la calle. Las casas de Riobamba, que en su mayoría eran bajas, les ofrecían grandes facilidades para la ejecución del proyecto. Se instalaron, pues, un buen sábado por la noche, cada uno en su ventana y cada uno con una punta del cabestro. Sonaron las doce y apareció el descabezado jinete en su fogoso caballo negro, que venía a galope. Los mozos se armaron de valor, templaron la cuerda y, rematándola en las rejas de la ventana, esperaron el desenlace: de ser el Descabezado ánima solamente, el cabestro había de pasarle a través del bulto.

Llegó el fantasma y, notando que había gente, picó al caballo que apretó a correr. Mas el cabestro estaba templado y, dándole al jinete en el pecho, con el ímpetu que iba el animal, tiró rodando al suelo al Descabezado. Ahí fueron las risas de los mocitos y el echarse a la calle, provistos de velas para reconocer al fantasma.

Allí encontraron al infeliz ahogándose en el poncho, y lleno de contusiones. Lograron los mozos quitarle la indumentaria y ayudarle a levantarse. Su risa creció de punto al reconocer al cura de San Luis, y al ver los apuros del atortolado clérigo que no acertaba a explicar el suceso.

A la mañana siguiente, era voz pública en Riobamba que no volvería a aparecer el Descabezado, mientras que cada cual contaba, en secreto naturalmente, a sus amigos, que el fantasma era de carne y hueso y el mismísimo doctor Pedrosa, cura del asiento de San Luis. Dicen que desde entonces los riobambeños son muy valientes para eso de apariciones y almas en pena, y que no creen en esas cosas si no están bien comprobadas.

---

[221] Hombre de poco juicio, que se dedica arriesgadamente al juego, el alcohol y las mujeres.

LOS ARTÍCULOS DE LA FE

A Juan León Mera, afectuosamente.
Cristóbal de Gangotena y Jijón.

Gobernaba la diócesis de Quito el ilustrísimo doctor José Pérez Calama, y su inaudita facilidad para pronunciar autos condenatorios y lanzar excomuniones tenía, como vulgarmente se dice, metidos en un zapato a los clérigos del obispado.

Con todos los disolutos había podido la severidad del prelado: solo uno le traía a mal andar. Este hombre irreductible se llamaba el doctor don José Albuja. Su afición a la guitarra hacía que murieran, casi al tiempo en que nacían con las amonestaciones del obispo, sus propósitos de nunca jamás volver a ofender a Dios...

Era el doctor Albuja un buen mozo de una vez; nada le faltaba para ser un temible seductor: su donaire, su figura, su voz de barítono, que cuando cantaba uno de esos tonitos sentimentales de la tierra, que saben retorcer el alma, se armonizaba tan bien con las notas que él mismo arrancaba de la vihuela.

Tal era el simpático clérigo que contaba por cientos las confesadas guapas y al que todo el mundo acudía a oír cuando cantaba en el coro de la Catedral alguna misa de fiesta gorda.

A cada escándalo que cometía el doctor Albuja, al obispo le salían canas verdes, como si dijéramos. Lo encerraba, ya en San Francisco, ya en el tétrico convento de San Diego, y cada vez salía el doctor Albuja arrepentido, lloroso, compungido, pero como ya dije, ¡ay!, sus buenos propósitos se evaporaban apenas veía una guitarra o pasaba cerca de él el frú-frú de unas faldas. ¡Era su fatalidad!

El señor Calama ya había perdido su tino, que no era poco, con el clérigo: ya las tunas y gatuperios del doctor Albuja se contaban por las estrellas del cielo.

Llegó la cuaresma, y el santo sacerdote andaba de lo más divertido y el obispo cada vez más preocupado.

Grande fue la sorpresa de su Ilustrísima al ver entrar un buen día en su despacho, compungido y humillado, a su rompecabezas, el doctor Albuja, que, sobre poco más o menos, le dijo:

—Ilustrísimo señor, perdone vuestra señoría que ose presentársele este pecador empedernido. Reconozco mis faltas, y estoy listo a repararlas. Soy indigno de todo perdón, pero la bondad de Dios es grande: Él me llama, ilustrísimo señor: oigo su voz que clama, como amoroso pastor por la oveja descarriada. Vengo a vuestra señoría para que me ayude a salvar mi alma de las garras de Satanás. Ilustrísimo señor: quiero entrar a los ejercicios de san Ignacio que se dan en este tiempo en la santa casa de la Recolección de la Merced: estoy seguro de que la gracia de Dios me ha tocado, y que saldré de esos ejercicios convertido…

El bueno del obispo, lleno de santo júbilo, dio crédito a las palabras del clérigo y le facilitó inmediatamente la entrada a El Tejar.

El doctor Albuja dio en aquellos ejercicios ejemplos de verdadero arrepentimiento: de sus ojos vertían tan abundantes lágrimas que se hubiera dicho que quería lavar en ellas su alma renegrida por el pecado; salió de El Tejar en las mejores disposiciones para llevar una vida ejemplar.

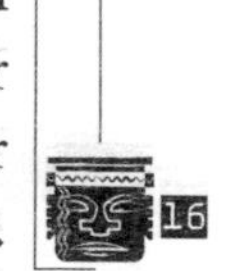

En efecto, así sucedió: el doctor Albuja fue un modelo de virtud.

***

Se paseaba un día el ilustrísimo Calama por la Loma Grande, rodeado de sus familiares y con el aparato que, entonces, gastaba todo obispo, cuando se le acercó un hombre.

—Señor ilustrísimo —le dijo—, allí está el doctor Albuja dando un escándalo. Es una lástima ver cómo los sacerdotes de Dios andan así perdidos en francachelas...

—¡Miente, hermano! —le interrumpió el obispo, indignado—. ¡Eso es imposible! El doctor Albuja lleva ahora una vida ejemplar. No lo puedo creer sin verlo.

—Pues, si vuestra señoría quiere, vamos, que cerca está.

—Vamos —dijo el prelado y, siguiendo al denunciante, se dirigió con su séquito a la Mama Cuchara.

En una casita de la plazoleta se oía el rasgar de una guitarra que, de estar allí san Pascual[222], de seguro se ponía a bailar, aunque fuera en la corona del obispo.

Entró este y, parándose en la puerta de un aposento que daba al zaguán, vio al doctor Albuja que, pañuelo

---

[222] Santo español (1540-1592) que se distinguió por su férrea convicción religiosa. Se sometió a duras pruebas, como caminar descalzo por caminos de piedra. Perteneció a la orden franciscana.

en mano, estaba bailando con una guapísima chola, una de esas «¡alzá que te han visto!», que quitan el hipo.

La música, a la vista del obispo, paró en medio de un compás: el doctor Albuja se quedó inmóvil, en la postura en que el prelado le sorprendiera. Este, furioso, le increpaba:

—¡Doctor Albuja! ¡Esto es para nunca acabar! ¡Esto es la vida perdurable...!

Y él, mohíno y cabizbajo, le contesta:

—No, señor, esto es... ¡la resurrección de la carne...!

¡Era su fatalidad!

LA VIRGEN DE LA EMPANADA

Cristóbal de Gangotena y Jijón

Con sobra de razón podemos, como dijo un chispeante cronista quiteño, considerarnos el pueblo más feliz de la tierra, pues hasta el Cielo tuvo siempre con nosotros deferencias que otros pueblos no han logrado.

Y si esto es así en la friolera de los cien años que llevamos, apenas, de vida independiente[223]. ¡Qué no diremos si pasamos la vista por el periodo colonial!

¡Esos sí que eran tiempos maravillosos! ¡Qué de apariciones, qué de prodigios, qué de cosas estupendas! La virgen, los santos, las ánimas benditas eran tan familiares entonces en Quito que se los encontraba al voltear de una esquina, que se presentaban en una reunión agradable de familia, en fin, en cualquier parte. Evidentemente, en tiempos del rey, hasta los habitantes del otro mundo eran más sociales que en la época menguada que alcanzamos.

Y para probar, amigo, que Dios no abandona a los suyos, como lo hacían el rey y su Concejo de Indias con

[223] Recuerda que esta leyenda fue publicada en 1924, en *Al margen de la historia: Leyendas de pícaros, frailes y caballeros*.

la mísera colonia —alguien había de acordarse de nosotros—, voy a contarte la verídica historia que verás si no te aburre el recuerdo de cosas viejas.

Era oidor de la Audiencia de Quito en 1707 don Cristóbal de Cevallos, natural de la ciudad de la Plata, en el Alto Perú. Señor más preocupado del misticismo que del despacho diario de la Real Cancillería.

En todas y en las más vulgares ocasiones de la vida, creía el buen togado ver manifestaciones de lo sobrenatural. Su divina majestad no tenía, en criterio del oidor, otra cosa que hacer que ocuparse de su persona: los santos de las láminas hablaban, las esculturas se animaban y los más vulgares trastos del hogar servían de peana[224] a las apariciones que a diario le ocurrían.

Era el 15 de junio del año mencionado, fecha en que nuestra santa madre la Iglesia celebra la fiesta de san Cristóbal, gigante y mártir que, por lo que cuenta su vida, debió ser de muchas fuerzas y de caletre[225] escaso...

Nuestros abuelos sabían festejarse: en día de santo, nada de golosinas, de copita de vino bautizado al visitante; entonces todo era más sólido, más suculento. Así, el doctor Cevallos celebraba su día de días con un almuerzo de los que se pegan al riñón, de esos que dejan al individuo sumido en la placidez propia de un estómago agradecido.

Las diez de la mañana eran cuando se sentaron ante amplia mesa el oidor y sus invitados: la rica vajilla de plata lucía su esplendidez, y en ella se ofrecían los suculentos manjares, de aspecto más eficaz que el mejor de los modernos aperitivos con que ahora sole-

[224] Apoyo, base.
[225] Tino.

mos intoxicarnos. Tras el sabroso puchero indispensable, tras el arroz a la valenciana, tras las diversas carnes adobadas con primor, circulaban ampliamente las copas de los generosos vinos de España, y la alegría, el donaire de los huéspedes crecían con las libaciones.

—¡*Bonum vinum laetificat cor hominis*[226], señor don Cristóbal! —exclamaba uno de los comensales, gordo prior de un convento.

—¡En verdad que no lo bebí mejor en mi vida! —decía un regidor del Cabildo.

—A vuestra salud, y que sea por muchos años —apuntaba un pretendiente.

En esto vinieron las empanadas, tan famosas siempre en Quito, potaje suculento que hoy, para verlo en el plato, hemos de calzar lente, pero que, en la época a que me refiero, alcanzaba proporciones homéricas.

Al verlas venir, un profesor de San Luis, que se las daba de erudito, citó la «Cena jocosa» de Bartolomé de Alcázar:

¡Qué oronda y qué bella!
¡Qué través y enjundia[227] tiene!
Me parece, Inés, que viene
para que demos en ella.

En aquel tiempo, las empanadas de morocho, por ser tan grandes, no servían en plato, sino en una hoja de papel redonda, asentada en una torta de pan.

Unos tienen el vino alegre, otros lo tienen triste; a cada uno le da por su tema, ya es sabido.

....

[226] El buen vino alegra el corazón de los hombres.
[227] Parte más sustanciosa de algo.

El doctor Cevallos se aprestaba a meterse entre pecho y espalda la reverenda empanada que tenía delante cuando, al llevársela a la boca, la dejó de pronto caer lleno de asombro.

—¡Madre mía! ¡Virgen santísima! —decía, fijos los ojos en el papel sobre el que había reposado la empanada—. ¡Milagro, señores, milagro, portento!

Y, cogiendo religiosamente la hoja de papel en que la empanada había dejado la mancha de la manteca en que había sido frita, dijo:

—¿No veis —decía— la imagen de la madre de Dios?

Todos los comensales se precipitaron, las sillas de vaqueta hacían estruendo al voltearse, los invitados se apiñaban alrededor del magistrado, y todos reconocieron en el papel grasiento la imagen de la Reina del Cielo.

—¡Milagro! —gritaron todos al unísono.

Unos cayeron de rodillas, otros dieron voces que se oyeron desde la calle, y la multitud, al ruido, invadió la casa del oidor que, tembloroso, emocionado, subido en una silla, exhibió en alto el papel manchado de manteca, en el que todos vieron ya «la Virgen de la empanada».

Los frailes que habían asistido al interrumpido almuerzo se adueñaron del papel mantecoso, la procesión se ordenó y la milagrosa imagen fue transportada al oratorio de la casa para exponerla en medio de luces y flores, a la veneración de los fieles.

El ruido del milagro con que había sido favorecido el doctor Cevallos se esparció como un reguero de pólvora por la feliz ciudad de Quito, y no hubo quien dejara de ir a admirar el portento: la casa del oidor estuvo más concurrida que la iglesia en día de Jubileo.

El obispo don Diego Ladrón de Guevara fue informado del prodigio, pero, hombre de mayor seso que el doctor Cevallos, se guardó bien de pronunciarse a favor de la ridícula manía del magistrado. Y cuando hubo adquirido la convicción de que don Cristóbal había dado rienda suelta a su tema de lo sobrenatural, trató por todos los medios de cortar el escándalo, mas no fue el remedio aplicado tan pronto que no tomara la superstición grandes proporciones.

Entre las exhortaciones del obispo y las citaciones del comisario del Santo Oficio, se pasaron tres días, que fueron otros tantos de fiestas celebradas en honor de Nuestra Señora de la Empanada, con misas solemnes y sermones en honor de la milagrosa aparición.

Por fin, el comisario del Santo Oficio, en nombre del terrible tribunal de la fe, obtuvo la entrega del papelito... y el señor Ladrón de Guevara, verdadero iconoclasta[228], con escándalo público, quemó a Nuestra Señora de la Empanada, y nos quitó, así, una gloria nacional, privando a tortilleras, tamaleras, buñoleras, etc., de la patrona que netamente les correspondía. Es fama que, desde esta profanación, se han vuelto indigestas las empanadas de morocho.

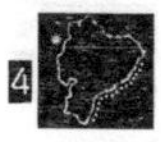

[228] Que niega y rechaza el culto a las imágenes.

¡Puro Ecuador!

Ecuador

1. Durante todo este libro encontrarán el nombre de varios sitios de nuestro Ecuador. Entre todos, en un gran mapa del Ecuador, vayan ubicando los nombres de estos sitios donde se desarrollen las leyendas que leerán. Cuando hayan acabado su lectura, podrían organizar una excursión a alguno de estos maravillosos parajes.

2. El miedo es un sentimiento humano muy común y la manera en que se ha retratado en esta leyenda es muy hermoso para resaltar el carácter valeroso de Atahualpa. ¿Cómo podrías tu identificar al miedo? Cada uno debe llevar a la clase su representación del miedo, ya sea a través de un dibujo, una imagen sacada de internet, una canción, un fragmento de un escrito, etc.

3. En general, las familias que remontan sus orígenes a Europa poseen un escudo de armas. Sin embargo, ¿crees que estos escudos pueden definir a tu familia ahora? Para este ejercicio, no queremos que busques el escudo de tu familia, sino que lo inventes. Piensa en las características de tu grupo familiar, su origen, sus costumbres, y elabora un escudo que lo represente. Todos han de hacer este trabajo, para exponerlo en clase.

4. Ahora que han leído todas las leyendas y narraciones, hagan una valoración general. ¿Qué historia los impresionó más? ¿Por qué? Hagan una reflexión colectiva sobre la importancia de las leyendas dentro de la formación de una cultura. Pueden expresarse por medio de un video en el que todos hablen y relaten una leyenda, un collage para mostrarlo al resto de personas… en

fin, ustedes tienen la libertad para expresarse sobre este particular.

¡Ahora sí te entiendo!

1. Es la segunda vez dentro de esta leyenda que se nombra a una saeta azul. Si puedes, encuentra el significado de esta imagen, dentro de las creencias indígenas. Si no encuentras la referencia, inventa tú alguna, utilizando tu creatividad e ingenio frente a tus compañeros.

2. Hasta aquí hemos visto que la chicha no solo es una bebida para consumir por placer, sino que tiene un significado ceremonial y sagrado. Averigua cuál puede ser dicho significado.

3. ¿Qué sabemos de la antigua cultura que habitaba en la isla Puná? Investiga para que compartas este conocimiento con tus compañeros.

4. Investiga la etimología de la palabra *bárbaro*. Es muy importante que entiendas este concepto, pues otras culturas conquistadoras lo han utilizado para justificar la ocupación a la que someten a otros pueblos.

5. No solo en la cultura inca se daban estas pruebas para identificar a los hombres. Investiga un poco sobre si había prácticas parecidas en otras culturas y a través del tiempo. ¿Seguimos probando así a las personas, por medio de las torturas?

6. ¿Qué era el Purgatorio y por qué había almas que iban a dar allí? Investiga sobre esto. Te damos una pista: puedes encontrar una excelente referencia en *Divina Comedia*, de Dante Alighieri.

7. ¿Qué más dirá esta profecía de Viracocha y en qué contexto estará situada? Averigua más sobre este particular.

8. ¿Cuál es la verdadera historia de la Torre de Babel? Averíguala y consigna su referencia exacta.

9. Si los judíos tenían prohibición de pasar a América, ¿cómo es posible que Estoque hubiese pasado? ¿Qué quiere decir Guerrero con que «es de la maldita raza». Averigua sobre los apellidos judíos en España, antes de su expulsión de la Península.

10. La orden de los jesuitas ha tenido mucha trascendencia en varios ámbitos en América. Investiga el origen de esta orden, quién fue su fundador. Averigua, además, que instituciones modernas funcionan en tu ciudad y que son patrocinadas por los jesuitas.

11. ¿Qué habrá sido esa comisión tan importante del padre Jacinto? Investiga, guiándote por la fecha de referencia, qué acontecimientos se daban en la ciudad de Lima. Si no encuentras la referencia, inventa una historia ambientada en la época para darle una continuidad a este relato.

12. Averigua qué características tienen las construcciones y decoraciones religiosas de la ciudad de Quito. Estas características, para darte una pista, estaban íntimamente ligadas con el pensamiento religioso de la época.

13. Investiga sobre la Revolución de los Estancos.

14. Consulta quién fue este santo padre Job, para que conozcas el contexto al que se refiere el narrador.

15. ¿Para qué se habrá llevado a cabo esta expedición al mando de Martín de la Riva?

16. ¿De qué trataban estos ejercicios espirituales? Averigua qué se hacía en ellos, quiénes asistían, dónde se realizaban y cuáles eran los más importantes y concurridos.

17. ¿Quién fue este san Cristóbal al que tan jocosamente se refiere el narrador?

Yo opino...

1. Detengan un momento su lectura para investigar sobre los dioses precolombinos. ¿Quién creen ustedes que era Posorja realmente?

2. La tradición siempre nos ha enseñado que el gestor de la guerra fue Huáscar. ¿Y si hubiese sido lo contrario? Formen dos bandos, uno que defienda el proceder inca, y otro que defienda el proceder de Atahualpa. Erijan un debate al respecto.

3. Mina ha renegado de sus costumbres y creencias por amor. Su padre reniega del amor a su hija porque la considera una traidora a su raza. ¿Qué partido tomarías tú? Discute con tus compañeros este tópico, porque hay varios matices como el amor, las creencias, la individualidad, la religión y las costumbres.

4. La moraleja de esta historia puede resumirse en «Ten cuidado con lo que deseas, porque se te puede cumplir». ¿Qué opinan ustedes al respecto? ¿Vale más la resignación que el deseo? ¿Se les han cumplido a ustedes deseos durante mucho tiempo anhelados? Discutan sobre ello.

5. ¿Qué creen ustedes que sucede después que una persona muere? Abran un foro de discusión donde todos expongan sus ideas sobre lo que sucede después del fallecimiento de alguien.

6. ¿Será cierto esto que las sociedades se acostumbran a los crímenes? ¿Saben lo que es la crónica roja? ¿Qué opinan sobre ella? ¿Qué medios informativos en nues-

tro medio promueven este tipo de periodismo? Debatan sobre la violencia en las noticias.

Elijo, pienso, ¡escribo!

1. Ya entre todos han conocido a lo dioses de los Incas. Sin embargo, también es sabido que, cuando una cultura conquista a otra, lo primero que hace es someter a sus dioses. ¿Quién habrá sido este dios chimú que Túpac califica de inmundo? Invéntale un nombre, una genealogía, un contexto y virtudes, a modo de leyenda. Si encuentras datos reales sobre él, puedes utilizarlos para construir tu escrito, pero también es importante que hagas uso de tu imaginación.

2. ¿Será cierta la existencia de este personaje, el chuszalongo? Escribe una historia donde narres su procedencia y el porqué de su proceder violento contra las mujeres. Si no te gusta este tema, podrías escribir un ensayo racionalizando por qué la gente inventa a este personaje, supliendo algún tipo de explicación para hechos sangrientos.

3. ¿Te basta con eso? Escribe tú un relato que describa la vida de esta «tapada» y por qué se atrajo el castigo de penar por las calles. Sobre todo, recuerda, ¿por qué la siguen los hombres?

4. ¿Cómo te imaginas este sistema de correo del diablo? Elabora una descripción de esta imagen. Tu trabajo debe ser minucioso, para que quien la lea realmente pueda visualizar el «telégrafo del diablo».

5. Este final de leyenda es un excelente comienzo para un relato que tú puedes elaborar. ¿Por qué crees que el sastre Felipe miraba hacia atrás cuando caminaba? Ambienta un relato con el miedo de este personaje.

6. Esta narración está escrita en un tono cómico. ¿Qué tal si tú también inventas un portento que sea gracioso?

Conexiones y enlaces:

1. Este motivo del pacto con el diablo es muy común en la literatura de todos los tiempos. Te sugerimos algunas obras para que las revises, si te interesa este tema:

   . *Fausto*, de Goethe.
   . *El maestro y Margarita*, de Mijaíl Bulgakov.
   . *Los Sangurimas*, de José de la Cuadra.

ÍNDICE

LEYENDAS DE LA SIERRA

TÍTULOS PUBLICADOS EN ARIEL CLÁSICOS ECUATORIANOS

Las cruces sobre el agua – Joaquín Gallegos Lara
Cumandá – Juan León Mera
La emancipada – Miguel de Riofrío
Los Sangurimas – José de La Cuadra
La Tigra y Los monos enloquecidos – José de La Cuadra
Leyendas ecuatorianas – Compilación
A la Costa – Luis A. Martínez
Los que se van – Demetrio Aguilera Malta, Joaquín Gallegos Lara, Enrique Gil Gilbert
Novelitas ecuatorianas – Juan León Mera
Las catilinarias – Juan Montalvo
La victoria de Junín – José Joaquín de Olmedo
Elegía a la muerte de Atahualpa – Jacinto Collahuazo
Hoguera Bárbara – Alfredo Pareja Diezcanseco
Baldomera – Alfredo Pareja Diezcanseco
El árbol del bien y del mal – Medardo Ángel Silva
Poesías escogidas – José Joaquín de Olmedo
Mitos y leyendas ecuatorianas – Compilación
Obras escogidas – Pablo Palacio